바웃다 일과

[사]세화불학원의궤편찬회

정우북스

序言

염송 칭명으로 세계일화를

『자설어(自說語, Udāna)』에는 붓다를 만나지 않고 출가한 쏘나(Soṇa) 비구에게 붓다께서 이렇게 말씀하시는 장면이 등장합니다. "비구여, 법을 환히 연설하여 보도록 하라." 이에 쏘나는 「앗타까박가」(『숫따니빠타』제4장) 열여섯 게송 전부를 낭랑하게 읊었습니다.

원래 쏘나 비구는 당시 변경인 아반띠국 출신으로 가전연 존자의 제자였습니다. 그는 출가한 지 3년이 지나서야 3사(師) 7증(證)이 갖추어져 천신만고 끝에 구족계를 받았습니다. 구족계를 받은 지 1년 뒤 붓다를 친견하기 위해 사위성의 기원정사로 간 쏘나는 영광스럽게도 붓다와 한 처소에서 보내면서 위의 「앗타까박가」를 붓다 앞에서 읊게 됩니다. 이 모습을 본 붓다는 쏘나가 「앗타까박가」에 대하여 잘 이해하고 사유하고 있으며 분명하고 혼란 없이 의미를 잘 파악하고 있다고 칭찬하시며 늦게 출가한 연유를 물었습니다. 이에 쏘나는 "제가 감각적 쾌락과 욕망의 위험을 본 지는 오래되었으나 재가의 삶이 번잡하고 해야 할 일이 많았습니다"라고 대답하였습니다. 이 때문인지 「앗타까박가」의 16개의 게송 중 첫 번째 경명은 까마숫따(Kāmasutta)로서 감각적 쾌락과 욕망에서 오는 위험을 경고하고 있습니다. 당시 「앗타까박가」는 갓 출가하여 구족계를 받은 신참 비구들이 필수적으로 암송하는 경이었다고 합니다.

위의 사례는 붓다를 믿고 칭명하며 의지하고, 붓다의 말씀을 삶과 수행의 지표로 삼으며, 청정한 승가를 공경하며 따를 것을 서원한 바웃다(佛子)에게 나날이 삼귀오계 서원과 함께 경전 염송으로 정진의 좌표로 삼아야 함을 일러준다고 할 수 있습니다. 그래서 붓다를 믿고 가르침을 삶의 지표로 삼을 것을 서원한 바웃다를 위해 사단법인 세화불학원에서는 나날이 삼귀의·오선계의 서원과 더불어 경전 염송으로 자신의 목표를 성취하는 데 도움이 될 수 있는『바웃다 일과』를 내놓게 되었습니다.

수행의 좌표로 삼고 있는 경전 염송의 일과 형식은 지역이나 종파마다 다르게 나타나고 있습니다. 테라와디불교의 <예경문>이 대표적인 형식의 하나라고 할 수 있습니다. 또 한전(漢傳)불교 형식에는『육경합부』,『선문일송(禪門日誦)』,『조모과송(早暮課誦)』,『불교염송집』등이 있고, 한국불교에도『소재길상 불경보감』이나 현대의『불자염송경』등이 보급되고 있습니다.

불교의 『팔만대장경』을 다 염송하는 데는 한계가 있으니, 각 불교 전통의 종지에 적합한 경전 염송을 선택하여 수행합니다. 특정 경전이나 다라니를 염송하거나 (『선문염송』 등), 내중의 나양한 종교성을 위해 금강경, 아미타경, 보현행원품, 관세음보살보문품, 능엄주, 관음예문 등 여섯 편을 합한 『육경합부』 등을 염송하는 것이 대표적인 사례라 할 수 있습니다. 이 『육경합부』는 고려 후기에 한국불교에 전해져 조선 중·후기까지 유통되었다고 보입니다.

한국불교의 경전 염송 전통은 『염불작법』이나 『일용작법』 계통의 의궤에서 확인할 수 있는데, 석례절차, 조례절차에 배당된 송주(誦呪)에서 그 전형을 볼 수 있습니다. 여러 경주(經呪)를 염송하지만 대체로 저녁에는 대비주(천수주), 장엄염불, 시식(施食)이고, 아침에는 능엄주를 염송하고, 뒤에 준제행법을 염송합니다. 조선 후기 이후 관세음보살의 신주(神呪)나 대불정능엄신주를 두 줄로 요약한 능엄주와 소재길상주, 관세음보살모다라니, 여의륜주 등을 '사대주(四大呪)'라 하여 아침 예불 이후에 염송하는 전통이 생겼다고 보입니다. 수행 중에 일어나는 마장을 없애기 위해 아침에는 능엄주를 염송하였고, 도량의 결계와 정화를 위해 대비주를 염송하는 전통이 한국불교에도 이어졌다고 할 수 있습니다.

조모송주(朝暮誦呪) 전통은 1960년대 이후 현대에 접어들어 '예불'이나 '예참'의 예경(禮敬)이 중심이 되면서, 칠정례와 천수주를 중심으로 염송하는 '현행' 천수경 염송이 조석 문안 인사형으로 변화되었습니다.

붓다께서 설하신 경전의 염송은 붓다로 살아가는 이들의 주요한 삶의 지표임에도 불구하고 오늘날 주요 양상을 보면 일상에서 경전 염송의 전통은 약해지고, 법회 때 주로 염송하거나 다라니 기도 등이 중심이 되고 있다고 할 수 있습니다.

바웃다는 붓다의 가르침을 삶의 지표로 삼고자 하였으므로 붓다의 말씀을 늘 염송하여 마음에 되새겨야 하는 것은 당연한 일과일 것입니다.

본 일일 과송 정진은 전통의 조모과송을 바탕으로 편제한 것으로, 아침에는 염송의를 시작으로 능엄주(혹은 전통 사대주)와 예불발원문을 염송하고 회향의를 하는데 각자 형편에 맞도록 정근하고 축원하며, 아니면 아침저녁 구분 없이 테라와다(상좌부) 경전을 선택하여 염송합니다.

늦은 오후[저녁]에는 천수주를 중심으로 『육경합부』의 관음예문 대신 붓다의 마지막 가르침인 「약본불유교경」 등을 선택하여 염송합니다. 「보현행원품」은 보현시원만, 『보문품』은 게송만 새로 편제 번역하였으니 참고하시면 됩니다. 전통 기도 신앙을 참고해 「고왕경」과 「몽수경」을 실었으며, 경전 배열은 전통의 아함부, 정토, 반야, 법화, 화엄, 유교경 순서로[현대교판(敎判)] 배열하였습니다.

"염송의+선택한 경전+회향의"

염송 시각을 일정하게 하는 것도 좋으나 형편에 따라 어떤 경우라도 아침저녁 2차례 염송을 실천하실 것을 권합니다.

아울러 붓다 생애 상의 특징을 살렸고, 또 『열반경』 등에서 붓다께서 제자에게 부촉한 광야귀신 등에 대한 시식을 위해서 <몽산시식의>를 요약한 <시식의>를 편제해 사찰에서 활용할 수 있도록 하였습니다. 시교적(始敎的)인 일일 염송 이후에는 명상이나 참선의 종교적(終敎的) 수행을 할 수 있도록 삼매 닦기를 편제하였습니다.

경전 염송을 시작하는 '염송의'와 마칠 때의 '회향의'는 중국불교의 경우 기송의(起誦儀)나 결송의(結誦儀)가 경전마다 다르나, 『바웃다일과』에서는 누구나 쉽게 암송하며 염송할 수 있도록 간략하게 '염송의'와 '회향의'로 통일하였습니다.

개경게와 수경게(收經偈)는 현대 역경의 거장 월운 화상의 한글본을 채택하였습니다. 염송의 입출 때는 "나모붓다야" 십념 칭명으로 시작하고 마치도록 하였으며,

염송 공덕 회향 이후 각자의 신앙에 따라 "나모붓다야/석가모니불/관음보살/지장보살/아미타불/약사여래" 칭명 기도로 축원하도록 안내하였습니다.

　본 염송에 채택한 경전의 원전은 경제 아래 표기하였고, 번역은 [사]세화불학원 참여 연구위원들이 참여로 번역·윤문하였는데, 전통의 한문 게송과 구절은 중복적이거나 지문이나 의고체 의문문 등은 과감히 생략하여 의미 전달에 초점을 맞추고, 1구 7언 게송은 두 음보 번역을 원칙으로 부드러운 운율이 유지될 수 있도록 하였습니다. 진언 다라니의 경우 전승 과정에서 적지 않은 변모가 있었는데, 본서의 표기 원칙은 전통의 <천수주>의 경우 82구를, L. Chandra범본 기준 의미에 따라 48단락으로 나눈 다음 쉼표로 띄어쓰기하였고, <능엄주>의 경우 초판에서는 정태혁의 『능엄경』 7권의 427구 본을 채택하였으나 2025년 10월 간행부터는 전재성 역주본의 의미별로 분장하고 경음 위주로 표기한 본을 바탕으로 정리하였습니다.

　『금강경』의 경우 13분의 2절까지만 읽되 의미 중심 번역으로 종전 한자 전문 5,149자보다 적은 3,800여 자로 축약하였습니다. 가령 붓다께서 말씀하시거나 제자가 말씀드리는 지문은 삭제하고 대사 앞에 붓다 수부티 등으로 표기하였고, 보문품은 뒤의 게송만, 행원품은 찬탄게송 위주로, 유교경은 약본으로 축조하였으며, 「예불참회문」은 53불, 35불 칭명으로 귀명사 '나모'를 처음에 한 번만 칭명하고, 번역은 시중 유통본의 시제를 정리하였습니다. 경전이나 발원문도 같은 번역 원칙에 따라 문장을 정리하였습니다.

아침저녁으로 1일 1회 1편 또는 3편을 매일 염송하되, 기도 정진할 때는 각자 발원에 따라 편수나 시간, 일수를 정해놓고 정진하면 좋을 것입니다. 매일 다른 경전을 염송하거나 특정 경전을 염송하는 등 경전의 선택은 바웃다 각자의 서원에 따르면 됩니다. '염송의'를 시작으로 경전과 다라니를 염송하고, '회향의'로 마친 다음 명상이나 참선에 듭니다.

보편적 '불교하기'를 기저로 상좌부와 대승의 주요 경전을 조석으로 염송하며, "나모붓다야" 칭명으로 세계의 바웃다가 세계일화(世界一花)라는 오묘한 경지를 이루자는 뜻에서 본 염송과 정진의 일과를 세상에 내놓습니다.

2025. 10.

[사]세화불학원 信行憲章

일삼오공

나모붓다야!

[사]세화불학원은 붓다의 가르침[보디]을 공부하며, 붓다의 제자 바웃다[불자]들의 신행문화인 의례를 연구하고 실천하는 배움터입니다.

그 구체적인 실천방법은 일삼오공(一三悟空)입니다.

첫째, 깨치신 분 붓다의 명호를 칭명 예경하여 나의 몸과 마음이 붓다의 몸과 마음과 하나이기를 기원하는 **나모붓다야** 십념칭명을 일심으로 실천합니다[一].

둘째, **나모붓다야** 십념칭명을 하루 삼 회 실천하며[염불], 붓다의 말씀인 경전을 읽고[간경], 조용히 마음을 멈추고 일체[나와 대상과 가르침]를 사유하고 관찰하며[명상], 계정혜 삼학을 실천합니다[三].

셋째, 그 결과 나와 세상의 일체에는 고유의 속성이 따로 없음을 깨칩니다. 일체[오온, 육근 십이처 십팔계]는 연기적 존재이므로 무상하며 무아이고, 그것을 깨쳐 바로 알지 못하면 고통이라는 붓다의 교설을 깨닫는 것입니다[悟空].

[사]세화불학원에서 붓다를 뵙고 길벗을 만나 함께 깨침을 이루고자 하는 분들을 기다립니다.

빠라미따!

차 례

始: 念誦

- 조송 -

염송의/12

능엄주/14 · 사대주/26 · 예불발원문/29

회향의/35 · 축원/36

행복경/37 · 자애경/41 · 보배경/44

- 모송 -

염송의/53

천수주/55   미타경/58

금강경/71   보문품/87

고왕경/94   몽수경/97

보현행원/98   불유교경/101

회향의/110

예불참회문/111

회향의/123

시식의/125

회향의/133

終: 삼매 닦기/135

아침 염송의

나모붓다야 [십념]

[바웃다 삼귀계]

붓다를 믿고 칭명하며 받들겠습니다.
붓다의 가르침을 삶의 지표로
　삼겠습니다.
청정한 승가를 공경하며
　살아가겠습니다.

[바웃다 오선계]

나는 생명을 괴롭히거나
　죽이지 않겠습니다.
나는 훔치거나 사음하지 않겠습니다.
나는 험한 말을 하지 않겠습니다.
나는 술 담배 육식을 절제하겠습니다.

나는 탐냄 성냄 어리석음을
알아차리겠습니다.

[개경게주]

높고 깊은 붓다님 법
만나옵기 어렵건만
제가 이제 받아 지녀
참된 의미 깨치리다.
옴 아라남 아라다 [삼편]

[대불정능엄신주]

따타가또슈니샤 슈랑가마 다라니

따타가또슈니샤 씨따따빠뜨라
아빠라지따 쁘라띠양기라 다라니

Paramiti(般刺蜜帝, 707) 譯
[각 회 끝의 ○○○에는 자기 이름을 넣음]

[1회] 毘盧眞法會: 비로자나불의 참 법회

나마흐 싸따따 쑤가따야 아르하떼 싸미약쌈붓다씨야, 싸따따 붓다 꼬띠 우슈니쌈, 나마흐 싸르와 붓다 보디쌋뜨웨뱌흐, 나마흐 쌉따남 싸미약쌈붓다 꼬띠낭, 싸슈라바까 쌍가낭, 나모 로께 아르한따낭, 나마흐 쓰로따빤나낭, 나마흐 싸끄리다가미낭, 나모 로께 싸미약가따낭, 싸미약쁘라띠빤나낭, 나모 데바 르씨낭, 나마흐 씻다 비디야 다라

르씨낭, 샤빠 아누그라하 싸하 싸마르
타낭, 나모 브라흐마네, 나모 인드라야,
나모 바가바떼 루드라야 우마빠띠 싸
히따야, 나모 바가바떼 나라야나야, 빤
짜 마하무드라 나마스끄리따야, 나모
바가바떼 마하깔라야 뜨리 뿌라 나가
라 비드라바나 깔라야 아디묵띠까 슈
마샤나 니바씨네 마뜨리 가나 나마쓰
끄리따야, 나모 바가바떼 따타가따 꿀
라야, 나마흐 빠드마 꿀라야, 나모 바즈
라 꿀라야, 나모 마니 꿀라야, 나모 까
르마 꿀라야, 나모 바가바떼 드리다 슈
라 쎄나 쁘라하라나 라자야 따타가따
야 아르하떼 싸미약쌈붓다야, 나모 바
가바떼 아미따바야 따타가따야 아르하
떼 싸미약쌈붓다야, 나모 바가바떼 악
쇼비야야 따타가따야 아르하떼 싸미약

쌈붓다야, 나모 바가바떼 바이샤지야 구루 바이두리야 쁘라바 라자야 따타가따야 아르하떼 싸미약쌈붓다야, 나모 바가바떼 쌈쁙슈뻬다 쌀렌드라 라자야 따타가따야 아르하테 싸미약쌈붓다야, 나모 바가바떼 샤끼야무니예 따타가따야 아르하떼 싸미약쌈붓다야, 나모 바가바떼 라뜨나 께뚜 라자야 따타가따야 아르하떼 싸미약쌈붓다야, 떼비요 나마쓰끄리띠야, 에따드 바가바띠 싸따타가또슈니샤 씨따따빠뜨라 나마 아빠라지따 쁘라띠양기라, 싸르와 부따 그라하 니그라하 까라니, 빠라 비디얏 체다니, 아깔라 므리띠유 빠리뜨라야나 까리, 싸르와 반다나 목끄샤나 까리, 싸르와 두슈따 두후쓰와쁘나 니바라니, 짜뚜라쉬띠낭, 그라하 싸하쓰라낭, 비

드방싸나 까리, 아슈따빈샤띠난 낙샤뜨
라낭, 쁘라싸다나 까리, 아슈따낭 마하
그라하낭 비드왕싸나 까리, 싸르와 샤
뚜루 니바라니, 고라 두후쓰와쁘나낭
짜 나샤니, 비샤 샤쓰뜨라 아그니 우다
꼿따라니, 아빠라지따 고라, 마하 발라
짠다, 마하 딥따, 마하 떼자, 마하 슈웨
따 즈왈라, 마하 발라 빤다라 바씨니,
아리야 따라, 브리꾸띠, 짜이와 비자야,
바즈라 말레띠 비슈루따, 빠드마까, 바
즈라 지흐와 짜, 말라 짜이와 아빠라지
따, 바즈라 단디, 비샬라 짜, 샨따 비데
하 뿍지띠, 씨우미야 루빼, 마하 슈웨
따, 아리야 따라, 마하 발라 아마라, 바
즈라 슈링깔라 짜이와, 바즈라 꾸마리,
꿀라 다리, 바즈라 하쓰따 짜, 비디야
깐짜나 말리까, 꾸쑴바 라뜨나, 바이로

짜나 끄리야 아르토슈니샤, 비즈름바마나 짜, 바즈라 까나까 쁘라바 로짜나, 바즈라 뚠디 짜, 슈웨따 짜 까말라 악끄샤 샤쉬 쁘라바 이띠에떼, 무드라 가나흐, 싸르웨 락샴 꾸르완뚜, 잇탐 마마 아씨야, ○○○.

[2회] 釋尊應化會: 붓다님 응화의 모임

옴 르쉬 가나 쁘라샤쓰따 따타가또슈니샤, 훔 뜨룸, 잠바나, 훔 뜨룸, 쓰땀바나, 훔 뜨룸, 빠라비디야 쌈바끄샤나 까라, 훔 뜨룸, 싸르와 약샤 락샤싸 그라하낭, 비드왕싸나 까라, 훔 뜨룸, 짜뚜르 아쉬띠낭 그라하 싸하쓰라낭, 비드왕싸나 까라, 훔 뜨룸, 락샤, 바가방쓰 따타가토슈니샤, 쁘라띠양기레, 마하 싸하쓰라 부제 싸하쓰라 쉬르쉐, 꼬띠 싸하쓰라 네뜨레, 아베디야 즈왈리따 나따께, 마하 바즈라 다레, 뜨리 부바나 만다레슈와레, 옴 쓰와스띠르 바바뚜 마마, 잇탐 마마 아씨야, ○○○.

[3회] 觀音合同會: 관세음과 함께하는 모임

라자 바야쯔, 짜우라 바야드, 아그니 바야드, 우다까 바야드, 비샤 바야쯔, 차쓰뜨라 바야뜨, 빠라짜끄라 바야드, 두르비끄샤 바야드, 아샤니 바야드, 아깔라 므리띠유 바야드, 다라니 부미 깜빠 까빠따 바야드, 울까 빠따 바야드, 라자단다 바야드, 나가 바야드, 비디윳 바야드, 쑤빠르나 바야드, 약샤 그라하드, 락샤샤 그라하뜨, 쁘레따 그라하뜨, 삐샤짜 그라하드, 부따 그라하뜨, 꿈반다 그라하뜨, 뿌따나 그라하뜨, 까따뿌따나 그라하뜨, 쓰깐다 그라하드, 아빠쓰마라 그라하드, 운맛따 그라하쯔, 차야 그라하드, 레바띠 그라하드, 오자 아하리니야, 가르바 아하리니야, 루디라 아하리니야, 망싸 아하리니야, 메다 아하리니야, 맛자 아하리니야, 자따 아하리니야, 지비따 아하리니야, 바따 아하리니야, 반따 아하리니야, 아슈찌야 아하리니야흐, 찟따 아하리니야흐, 떼샴 싸르웨샴, 싸르와 그라하낭, 비디얀 체다야미, 낄라야미, 빠리브라자까 끄리땅, 비디얀 체다야미, 낄라야미, 다끼니 끄리땅, 비디얀 체다야미, 낄라야미, 마하빠슈빠띠야 루드라 끄리땅, 비디얀 체다야미, 낄라야미, 나라야나 끄리땅, 비디얀 체다야미, 낄라야미, 따뜨와 가루다 싸하야 끄리땅, 비디얀 체다야미, 낄라야미, 마하 깔라 마뜨리가나 끄리땅, 비디얀 체다야미, 낄라야미, 까빨리까 끄리땅, 비디얀 체다야미, 낄라야미, 자야까라 마두까라, 싸르와르따싸다나 끄리땅, 비디얀 체다야미, 낄라야미, 짜뚜르 바기니 끄리땅, 비디얀 체다야미, 낄라야미, 브링기리띠 난디께슈와라 가나빠띠 싸하야 끄리땅, 비디얀 체다야미, 낄라야미, 나그나 슈라와나 끄리땅, 비디얀 체다야미, 낄라야미, 아르한따 끄리땅, 비디얀 체다야미, 낄라야미, 비따라가 끄리땅, 비디얀 체다야미, 낄라야미, 비즈라빠니 구히야 구히야까 아디빠띠 끄리땅, 비디얀 체다야미, 낄라야미, 락샤 맘, 바가반, 잇탐 마마 아씨야, ○○○.

[4회] 剛藏折攝會: 금강장들의 조복과 섭수의 모임

바가바띠 씨따따 빠뜨레, 나모스뚜 떼,
아씨따 아날라 아르까 쁘라바 쓰푸따
비까씨따 아따빠뜨레, 즈왈라 즈왈라,
달라 달라, 비달라 비달라, 체다 체다,
훔 훔, 팟 팟 팟 팟 팟, 쓰와하, 혜 혜
팟, 아모가야 팟, 아쁘라띠하따야 팟,
바라 쁘라다야 팟, 아쑤라 비드라바까
야 팟, 싸르와 데베뱌흐 팟, 싸르와 나
게뱌흐 팟, 싸르와 야끄셰뱌흐 팟, 싸르
와 간다르베뱌흐 팟, 싸르와 뿌따네뱌
흐 팟, 싸르와 까따뿌다네뱌흐 팟, 싸르
와 두르랑기떼뱌흐 팟, 싸르와 두슈따
쁘레끄쉬떼뱌흐 팟, 싸르와 즈바레뱌흐
팟, 싸르와 아빠쓰마레뱌흐 팟, 싸르와
슈라마네뱌흐 팟, 싸르와 띠르티께뱌흐
팟, 싸르본맛떼뱌흐 팟, 싸르와 비디야

다라 쑥짜리뱌흐 팟, 자야까라 마두까라 싸르와르타싸다께뱌흐 팟, 비디야짜리예뱌흐 팟, 짜뚜르남 바기니뱌흐 팟, 바즈라 꾸마리 비디야 라즈니뱌흐 팟, 마하 쁘라띠양기라뱌흐 팟, 바즈라 샹깔라야, 쁘라띠양기라 라자야 팟, 마하 깔라야, 마하 마뜨리가나 나마쓰 끄리따야 팟, 비슈나베 팟, 브라흐마네 팟, 아그나예 팟, 마하깔라야 팟, 깔라단다야 팟, 인드라야 팟, 루드라야 팟, 짜문다야이 팟, 깔라라뜨라예 팟, 까빨리네 팟, 아디묵띠까 슈마샤나 바씨네 팟, 예 께쩨뜨 쌋뜨와흐, 잇탐 마마 아씨야, ○○○.

[5회] 文殊弘傳會: 문수보살 전법의 모임

두슈따 찟따, 아미뜨라 찟따, 오자 아하

라, 가르바 아하라, 루디라 아하라, 바싸 아하라, 맛자 아하라, 자따 아하라, 지비따 아하라, 발리야 아하라, 간다 아하라, 뿌슈빠 아하라, 팔라 아하라, 싸씨야 아하라, 빠빠 찟따, 두슈따 찟따, 루드라 찟따, 약샤 그라하, 락샤싸 그라하, 쁘레따 그라하, 삐샤짜 그라하, 부따 그라하, 꿈반다 그라하, 쓰깐다 그라하, 운맛따 그라하, 차야 그라하, 아빠쓰마라 그라하, 다까 다끼니 그라하, 레바띠 그라하, 자미까 그라하, 샤꾸니 그라하, 마뜨리난디까 그라하, 알람바까 그라하, 간타빠니 그라하, 즈와라이까흐니까, 드웨띠야까, 뜨리띠야까, 짜뚜르타까, 니띠야 즈와라 비쓰마라 즈와라, 바띠카, 빠잇띠까, 슈라이슈미까, 쌈니빠띠까, 싸르와 즈와라, 쉬로 루자,

아르다바베다까, 악쉬 로고, 무카 로가
흐, 깐타 로가흐, 갈라까 가랑, 까르나
슐랑, 단따 슐랑, 흐리다야 슐랑, 마르
마 슐랑, 빠르슈와 슐랑, 쁘리슈타 슐
랑, 우다라 슐랑, 까띠 슐랑, 바쓰띠 슐
랑, 우루 슐랑, 장가 슐랑, 하스따 슐랑,
빠다 슐랑, 싸르바 앙가 쁘라띠양가 슐
랑, 부따 베딸라 다끼니 즈와라, 다드루
간다 끼따바 루따 비싸르빠 로하링가
흐, 슈샤 뜨라싸나 까라, 비샤 요가, 아
그니 우다까, 마라 비라 깐따라, 아깔라
므리띠유 뜨리얌부까, 뜨라이라따 브리
슈찌까, 싸르빠 나꾸라, 씽하 비야그리
흐 리꾸샤 따락슈, 짜마라 지바쓰 떼샹
싸르베샹, 씨따따 빠뜨라, 마하 바즈로
슈니샤, 마하 쁘라띠양기라, 야바드 드
와다샤 요자나 아비얀따레나, 비디야

반당 까로미, 디샤 반당 까로미, 빠라비디야 반당 까로미, 따디야타, 옴 아날레 비샤데, 비라 바즈라 다레, 반다 반다니, 바즈라 빠니 팟, 훔 뜨룸 팟, 쓰와하!

[사교집 『능엄경』에는 이상의 427구가, 『대정대장경』에는 439구가 시중 유통본은 550여 구 본이 유통되고 있으나 본 과송용 능엄주는 전재성의 『슈랑가마다라니와 수능엄경』을 참고한 본이다.]

[전통사대주]

나모 대불정여래 밀인수증요의 제보살만행 수능엄신주 따디야타

「옴 아날레 비샤데, 비라 바즈라 다레, 반다 반다니, 바즈라 빠니 팟, 훔 뜨룸 팟, 쓰와하」

정본관자재보살여의륜주

나모붓다야 나모달마야 나모승가야 나모아리야 바로기뎨 쇠리야 모디시디야 마하사다야 사가라 마하 가로니가야 흐리다야 만다라 다냐타 가가나 브라디 진다마니 마하무다례 루로루로 디따 흐리다예 비사예

「옴 부다나 부다니 야등」

불정심관세음보살모다라니

나모 라다나 드라야야 나막 아리야 바로기데 스바라야 모디사드바야 마하사드바야 마하가로니가야 다냐타 아바다 아바다 바리바데 인혜혜 다냐타 살바 다라니 만다라야 인혜혜 브라마숫다 모

다야

「옴 살바 작슈가야 다라니 인디리야 다냐타 바로기뎨 스바라야 살바 도따오 하야미 스바하」

불설소재길상다라니

나모 사만다 못다남 아브라디 하다샤 사나남 다냐타

「옴 카카 카혜카혜 훔훔 아바라 아바라 바라아바라 바라아바라 디따디따 띠리띠리 빠다빠다 션디가 시리예 스바하」

예불발원문

怡山禪師(「緇門警訓」, 『韓國佛敎全書』第八冊, p.610)

시방에 두루 하신 조어사調御師와 널리 펴신 청정 미묘법微妙法과 삼승三乘 사과四果 해탈승께 귀명하오니 자비를 내려 주사 가련히 여겨 섭수하소서.

(발원하는) 저는 진여眞如 본성을 어기고 미망迷妄의 세계에 부질없이 들어가, 생사生死를 따라 부침浮沈하였고; 색色과 소리[聲]를 좇아 탐욕에 물들어, 열 가지 얽매임과 번뇌로 무상한 인연을 쌓았고; 육근과 육진으로 가없는 죄를 망령스레 지어, 고해苦海의 그릇된 길에 깊숙이 빠져서, 나와 남을 집착하고 굽은 것을 곧은 것

이라 억지 부렸습니다.

다생의 업장業障과 일체의 허물을, 우러러 삼보三寶의 자비慈悲에 의지하여 일심一心으로 참회하며 소원합니다.

붓다시여, 선우善友들을 건져내고 서로 도와 번뇌의 깊은 바다에서 벗어나 깨침의 피안彼岸에 이르며, 금생에는 복의 터전과 명운命運의 자리가 각각 풍성해지고; 내생에는 지혜 종자의 싹이 더욱 빼어나기를 함께 바라며, 좋은 나라[中國] 태어나서 좋은 스승 항상 만나; 바른 믿음으로 출가하여 동진童眞으로 불도佛道에 들어가며, 육근六根은 중도中道에 통하여 막히지 아니하고, 삼업三業은 순일하고 동화同和하며, 세속에 물들지 아니하고 청정한 행 항상 닦으며, 금계禁戒를 잘 지켜 땅과 초목 함부로 훼손치 않고; 행동거지 조심하여 미물조치 해치지 않겠습니다.

팔난八難을 만나지 않고, 사연四緣이 빠지지 않아, 반야지가 눈앞에 드러나고, 보리심에서 물러나지 않으며; 정법正法을 닦고 익히며 대승大乘의 요체를 깨쳐, 육바라밀 실천하여 삼기겁해三祇劫海 건너겠습니다.

곳곳에 법法의 깃발 세워 겹겹으로 싸인 의심 없애며, 갖은 마군魔軍 조복하고 삼보三寶를 잇사오며, 시방제불 섬기되 지치지 않고, 일체 법문法門 배워 익혀 통달하며, 복과 지혜 널리 지어 한없는 법계 중생 이익 주고, 여섯 종류 신통 얻어 일생의 불과(佛果)를 원만히 하겠습니다.

[그런 뒤에는] 법계를 버리지 않고 속진에 들어, 관음의 자비심과 같아지고 보현의 원력을 행하며, 여기저기 어디서나 온갖 무리 따라 색신을 나타내어 미묘(微妙) 법문(法門) 설하며, 지옥 아귀 축생도에 들어 대 광명과 신통을 보이겠습니다.

내 모습을 보는 이나 내 이름을 듣는 이는, 보리심(菩提心) 내고 윤회의 고통(苦海)을 영원히 헤어나되, 확탕(鑊湯)지옥 한빙(寒氷)지옥 향기로운 숲으로 변해지고; 음동(飮銅)지옥 철환(鐵丸)지옥 중생들은 극락에

화생化生하며, 온갖 짐승 빚진 이나 원한을 품은 이나, 괴로움 쉬고 복락을 누리게 하겠습니다.

질병 도는 세상에는 약초로 나타내 오랜 병을 치료하고; 굶주리는 세상에는 곡식 되어 가난과 굶주림 건지리니, 오로지 이익 주는 일에 최선을 다하겠습니다.

세세생생 원수거나 친한 이나 함께 사는 권속이나 나고 죽는 고통의 부침浮沈에서 벗어나고; 만겁에 걸친 갈애의 얽매임을 끊어내겠습니다.

일체 중생 똑같이 불도佛道를 이루오며, 허공계가 다하고 나의 발원이 다하도록 유정有情 무정無情이 일체종지一切種智 함께

원만하게 되어지이다.

시방삼세일체불
제존보살마하살
마하반야바라밀

"예불발원문"은 性聰 『緇門警訓註』에는 「怡山然禪師發願文」(『韓佛全』 8-610上)이라 하여 혜연 선사라는 표현은 나오지 않는다. 『精選懸吐緇門』(安震湖 편, 법륜사, 1981, 2판, 50쪽후)에 "然은 惠然이라"는 협주가 있고; 1970년대 이후 吳杲山 『佛子受持讀誦經』(1976년 초판); 李智冠 編著, 『信行寶鑑』(대각회 출판부, 1980)에는 「이산 혜연 선사 발원문」이라는 이름으로 나타나면서 '慧然'이라고 표기되었다고 보인다.

팔난(八難): 불법 만나는 데 장애가 되는 인연으로, 지옥, 아귀, 축생, 장수천, 울단월(수승처에 머물게 되는 난, 벙어리 귀머거리 등, 출세정법을 믿지 않는 난, 붓다 전후에 태어나는 난 등을 말한다.
사연(四緣): 불법 만나 깨치는 데 도움 되는 인연으로, 因緣, 等無間緣, 所緣緣, 增上緣.

회향의

[수경게]

말씀 듣자 마음 열려
붓다인 줄 알았으니
일생토록 의심 않고
시시때때 활용하리.

[회향게]

뛰어나고 가없는
송경 공덕 회향하니
고통 속의 중생들은
극락세계 어서 가소.

[축원]

"나모붓다야" 십념을 하고 축원하거나 그 전에 "옴, 공경하는 마음으로 고통받는 중생이 지혜로 안락하고 정토에 들게 하는 우리들의 스승이신 붓다님께 귀명합니다." 하고 "나모붓다야/석가모니불/관세음보살/지장보살/약사여래/아미타불" 등 자신이 수행하는 불호를 ([사]세화불학원에서는 "나모붓다야"를 칭명) 십념 이상 염불한 다음 "붓다님께 아뢰옵니다. 가족은 건강하고, 학문/사업/직무는 이뤄지며/성취하며, 친지들은 행복하고, 이웃들은 안락하며 구경에는 해탈하여지이다. 감" 하는 식으로 축원하고 마친다.

[入定] (135쪽 삼매 닦기 참조)

테라와다 염송경

행복경(Mangala Sutta, Sn 2.4)

이렇게 나는 들었습니다. 한때 세존께서 싸밧티 시 제타 숲의 아나타삔디까[祇園精舍] 승원에 계셨습니다.

그때 한 천인이 한밤중에 아름다운 모습으로 기원정사를 환히 비추며 세존께서 계신 곳으로 다가와 세존께 게송으로 이렇게 여쭈었습니다.

[천인] 많은 천인과 사람들이,
최상의 행복을 소망하면서,
행복을 바라고 생각하오니,
최상의 행복에 대해 말씀해 주소서.

[세존] 어리석은 사람과 사귀지 않고,

현명한 사람과 가까이 지내며,
존경할 만한 이를 공경할지니,
이것이 더없는 행복이다.
분수에 맞는 곳에서 살고,
일찍이 공덕을 쌓아서,
스스로 바른 서원을 할지니,
이것이 더없는 행복이다.

많이 배우고 좋은 기술을 익히며
몸과 마음을 계율로 잘 다스리고
선하고 부드럽게 대화를 나눌지니,
이것이 더없는 행복이다.

아버지와 어머니를 잘 모시고,
아내와 자식을 사랑으로 보살피며,
일할 때도 안정되어
   혼란스럽지 않을지니,
이것이 더없는 행복이다.

널리 베풀고 정의롭게 살며,
친지들과 화합하며 서로 돕고,
남에게 비난받지 않게 행동할지니,
이것이 더없는 행복이다.

악한 행위를 삼가고 경계하며,
술과 약물을 절제하고,
선행에 게으르지 않을지니,
이것이 더없는 행복이다.

타인을 존경하고 겸손하며,
만족과 감사할 줄 알며,
적당한 때에 진리를 들을지니,
이것이 더없는 행복이다.

인내하고 온화하게 말하며,
때로는 수행자를 만나서
진리의 가르침을 듣고 논의할지니,
이것이 더없는 행복이다.

부지런히 정진하여 청정하게 살며,
성스러운 진리를 이해하고 통찰하여,
거룩한 열반을 이룰지니,
이것이 더없는 행복이다.

세상살이 번잡한 일에 부딪혀도
마음이 안정되어 흔들리지 않고,
슬픔과 걱정 없이 안온할지니,
이것이 더없는 행복이다.

누구라도 이렇게 살아간다면,
어디서든 실패하는 일 없이
모든 곳에서 행복하리라.
이것이 더없는 행복이다.

자애경(Metta sutta, Sn 1.8)

선한 일을 능숙하게 실천하고
평정의 경지를 이루고자 하면
매사에 유능하고 정직하며
고결하고 온화하여 교만하지 말라.

만족할 줄 알아, 공양하기 쉬워야 하며,
몸과 마음 분주하지 않고 간소하며
몸과 마음 고요하고 슬기로워
세속 일에 무모하거나 집착하지 말라.

현명한 이들의 비난을 살만한
작은 행동이라도 삼가며
안락하고 평화로워서
모든 이들이 행복할지어다.

살아 있는 생명이건 어떤 것이나
동물이나 식물이나 남김없이
길거나 크거나 중간 것이나

짧은 것이나
작거나 거친 것이나 모두 예외 없이

보이는 것이나 보이지 않는 것이나
멀리 있는 것이나 가까이 있는 것이나
이미 태어난 것이나 태어날 것이나
모든 존재여, 행복할지어다.

서로를 속이지 말고 헐뜯지 말지니,
어디서든 누구든 멸시하지 말지니,
분노와 증오로 인하여
다른 이의 고통을 바라지 말라.

어머니가 하나뿐인 아들을
목숨 바쳐 보호하듯이
이 세상 모든 존재를 위해
한량없는 자애의 마음을 닦을지어다.

그리하여 온 세상의 모든 곳으로
위로 아래로 옆으로 넓은 곳으로

걸림 없이, 증오 없이, 적의 없이,
한량없는 자애의 마음을 닦을지어다.
서 있거나 걷거나 앉았거나 누웠거나
깨어 있는 동안에는 언제나
자애의 마음을 닦아나갈지니
세상에서는 이를 고귀한 삶이라 한다.

삿된 견해에 매이지 않고
계행을 지니고, 통찰력을 갖춰
감각적인 욕망을 다스리면,
결코 다시 모태에 들어
윤회하지 않으리라.

보배경(Ratana sutta, Sn 2.1)

이 자리에 모인 존재들이여!
땅 위에 있는 것이건
  하늘에 있는 것이건,
존재들이여, 언제나 행복하여라.
마음을 가다듬고, 내 말을 들을지니.

존재들이여, 귀를 기울여 들어라.
밤낮으로 그대들에게 제물을 바치는
인간의 자손들에게 자비를 베풀지니,
방일하지 말고 그들을 보호하라.
이 세상과 내세의 재물이라도,
천상 세계 뛰어난 보배라 할지라도,
여래에 견줄 만한 것은 없다.
붓다 안에 훌륭한 보배 있으니,
이러한 진실로 인해서
  모두 행복하여라.

석가족의 성자가
  완전한 고요와 삼매로
성취한 적멸과 불사의 경지,
이것과 견줄만한 보배는
  아무것도 없다.
가르침 안에 가장 훌륭한 보배 있으니,
이러한 진실로 인해서
  모두 행복하여라.

붓다께서 칭찬하신 청정한 삼매는
즉각 결과를 가져오는 삼매이니,
그 삼매와 견줄 것은 아무것도 없다.
가르침 안에는
  가장 훌륭한 보배 있으니,
이러한 진실로 인해서
  모두 행복하여라.

현자들이 찬탄하는

네 쌍 여덟 종 사람은
선서의 제자로서 공양받을 만하며,
그들에게 보시하면
　　크나큰 결실이 있다.
상가 안에는 훌륭한 보배 있으니,
이러한 진실로 인해서
　　모두 행복하여라.

감각적 욕망이 없이 확고한 마음으로,
고따마의 가르침 따라
　　잘 수행하는 이들은
불사에 들어 목표를 이뤄
　　적멸과 평온을 즐긴다.
상가 안에는 훌륭한 보배 있으니,
이러한 진실로 인해서
　　모두 행복하여라.

단단한 기둥이 땅속에

깊이 박혀 서 있으면
사방의 바람에도 흔들리지 않듯이
거룩한 진리 깨친 이는
　이 같다고 나는 말하네.
상가 안에는 훌륭한 보배 있으니,
이러한 진실로 인해서
　모두 행복하여라.

심오한 지혜를 갖춘 붓다께서
　잘 설하신
성스러운 진리를
　바르게 이해하는 이들은
큰 잘못이 있더라도
　여덟 번째 윤회를 받지 않는다.
상가 안에는 훌륭한 보배 있으니,
이러한 진실로 인해서
　모두 행복하여라.
통찰을 성취하면, 개체가 있다는 견해,

회의적인 의심, 계행과 의식에 대한
　집착이 즉시 제거되고,
네 악도를 벗어나고,
　여섯 가지 악행을 범하지 않네.
상가 안에는 훌륭한 보배 있으니,
이러한 진실로 인해서
　모두 행복하여라.

몸과 말과 생각으로
　저지른 사소한 잘못이라도
그것을 감추지 못하니,
궁극의 길을 본 사람은
　그것을 감출 수 없다.
상가 안에는 훌륭한 보배 있으니,
이러한 진실로 인해서
　모두 행복하여라.

여름날 첫 더위가

숲속의 총림이 꽃을 피워내듯,
이같이 붓다의 오묘한 법의 가르침은
최상의 행복인 열반으로 인도한다.
붓다 안에는 훌륭한 보배 있으니,
이러한 진실로 인해서
　　모두 행복하여라.
최상의 것을 알고, 최상의 것을 주고,
최상의 것을 가져오는, 최상의 임께서,
최상의 가르침을 설하였다.
붓다 안에는 훌륭한 보배 있으니,
이러한 진실로 인해서
　　모두 행복하여라.

과거 업은 없어지고,
　　새로운 업은 쌓지 않으며,
미래에 집착하지 않고,
　　번뇌의 근원을 소멸하였으니,
현자들은 마치 등불이 꺼지듯

열반에 든다.
상가 안에는 훌륭한 보배 있으니,
이러한 진실로 인해서
　　모두 행복하여라.

이 자리에 모인 존재들이,
천인과 인간들에게 존경을 받는
이렇게 오신 붓다께 경례하니
땅에 있는 존재이건
　　공중에 있는 존재이건,
　　모두 행복하여라.

이 자리에 모인 존재들이,
천인과 인간들에게 존경을 받는
이렇게 오신 임의 가르침에 경례하니,
땅에 있는 존재이건
　　공중에 있는 존재이건,
　　모두 행복하여라.

이 자리에 모인 존재들이,
천인과 인간들에게 존경을 받는
이렇게 오신 임의 상가에 경례하니,
땅에 있는 존재이건
  공중에 있는 존재이건,
  모두 행복하여라.

[끝]

"나모붓다야"를 불교도의 인사말로 —

남전·북전 세계불교도가 함께 사용할 수 있는 예경의 칭명사 "나모붓다야"를 불교도[바웃다]의 인사말, 인사진언으로 활용하자는 운동을 제창합니다. "나모붓다야"는 예경사(禮敬詞)이자 붓다님의 가피를 구하는 진언입니다. 붓다의 명호를 칭명하여 가피를 구하는 인사진언을 처음 만날 때나, 사찰을 방문할 때나, 절을 올릴 때, 불자끼리 인사할 때에 실천하자는 것입니다.

"나모붓다야"는 "안녕하세요, 안녕히 가세요"의 문안 인사말에서 진일보한 축원 인사말로서, 불교의 산회 인사말 "성불하세요"보다 훨씬 구체적입니다. 대만불교의 "아미타바", 우리 전통의 "나무아미타불" "관세음보살" 칭명 예경에 비해, 상좌 불교와 대승불교에서 두루 통용될 수 있습니다. 아미타바나 관세음보살은 붓다의 공덕과 구제의 표현이므로 근본적으로 다르지 않습니다.

칭명염불은 붓다께서 일찍부터 가르쳐주신 것이고, 법화경 방편품에도 "나무불" 칭명 가피가 설해져 있습니다. "나모붓다야" 인사진언은 각기 다른 불교 전통을 이어주는 매개로 세계불교도를 통합하는 구심점이 될 수 있을 것입니다.

합장하며 "나모붓다야" 하는 칭명 인사는 붓다님을 우리의 바른 스승으로 삼으며 귀의하겠다는 서약이고, 자기정체성을 확립하는 실천의례입니다. 산회나 헤어질 때는 "반야바라밀; 빠라미따; 바라밀" 등을 사용할 수도 있고, 그냥 "나모붓다야"로 할 수도 있습니다. 인사진언 **"나모붓다야"** 실천을 통해 불교도[바웃다]들의 신행이 통일되고 통합이 다져지기를 기원하며, 제방의 대덕 스님들께 보급을 청하옵니다.

빠라미따

저녁 염송의

나모붓다야 [십념]

[바웃다 삼귀계]

붓다를 믿고 칭명하며 받들겠습니다.
붓다의 가르침을 삶의
 지표로 삼겠습니다.
청정한 승가를 공경하며
 살아가겠습니다.

[바웃다 오선계]

나는 생명을 괴롭히거나
 죽이지 않겠습니다.
나는 훔치거나 사음하지 않겠습니다.
나는 험한 말을 하지 않겠습니다.
나는 술 담배 육식을 절제하겠습니다.
나는 탐냄 성냄 어리석음을

알아차리겠습니다.

[개경게주]

높고 깊은 붓다님 법
만나옵기 어렵건만
제가 이제 받아 지녀
참된 의미 깨치리다.
옴 아라남 아라다 [삼편]

신묘장구대다라니

不空 譯(「千手千眼觀世音菩薩大悲心陀羅尼」, T20)

나모 라다나 다라야야, 나막알야 바로기데새바라야 모디사다바야, 마하사다바야 마하가로니가야, 옴, 살바 바예수 다라나 가라야, 다사명 나막 까리다바, 이맘 알야바로기데새바라 다바, 니라간타 나막 하리나야 마발다 이샤미, 살발타 사다남, 수반, 아예염, 살바 보다남 바바 말아 미수다감, 다냐타, 옴, 아로계, 아로가마디, 로가디기란데, 혜혜 하례, 마하 모디사다바, 사마라 사마라 하리나야, 구로 구로 갈마 사다야 사다야, 도로 도로 미연데 마하미연데, 다라 다라 다린나례새바라, 자라 자라 마라 미마라, 아마라 몰데, 예혜혜 로계새바라, 라아미사 미나사야, 나베사미사 미나사야, 모하자라미사 미나사야, 호로 호로 마라, 호로 하레, 바나마나바, 사라 사라 시리 시리 소로 소로, 못댜 못댜 모다야 모다야, 매다리야 니라간타, 가마사 날사남 바라하라나야 마낙 스바하, 싯다야 스바하, 마하싯다야 스바하, 싯다유예새바라야 스바하, 니라간타야 스바하, 바라하목카 싱하목카야 스바하, 바나마 하따야 스바하, 자가라욕다야 스바하, 상카 섭나 네모다나야 스바하, 마하 라구타 다라야 스바하, 바마 사간타 니샤 시체다 가릿나

이나야 스바하, 먀가라 잘마 니바사나
야 스바하, 나모 라다나 다라야야, 나
막 알야 바로기데새비라야 스바하
　「옴 싯던도 만다라 바타야 스바하」

[111쪽 예불참회문]

불설아미타경

鳩摩羅什 譯(『佛說阿彌陀經』, T12)

이렇게 나는 들었습니다. 한때 붓다께서 천이백오십 인의 많은 비구와 함께 사위국 기원정사에 계셨습니다. 그들은 모두 널리 알려진 아라한 대중인 장로 사리불, 마하목건련, 마하가섭, 마하가전연, 마하구치라, 리바다, 주리반타가, 난다, 아난다, 라후라, 교범바제, 빈두로파라타, 가루다이, 마하겁빈나, 박구라, 아니루타와 같은 제자들과 문수사리 법왕자, 아일다보살, 건타하제보살, 상정진보살 등의 보살들과 석제환인 등 수많은 천인이었습니다.

그때 붓다께서 장로 사리불에게 말

씀하셨습니다.

"여기서 십 만억 불국토를 지난 서쪽에 '극락'이라는 세계가 있고, 그곳에는 '아미타'라 불리는 붓다가 지금도 설법하고 계신다.

사리불이여, 저 세계가 어찌하여 극락이라고 불리는 줄 아느냐? 그곳의 중생들은 고통이 없이 오직 즐거움만 받으므로 극락이라고 불린다. 또 사리불이여, 극락세계에는 일곱 겹의 난간과 일곱 겹의 나망과 일곱 겹의 가로수가 다 금 은 청옥 수정의 네 가지 보석으로 장엄 되어 있어 극락이라 불리는 것이다.

또 극락세계에는 여덟 가지 공덕이 있는 물로 가득 찬 칠보로 된 연못이 있는데, 그 연못 바닥에는 금모래가 깔려 있고, 그 연못 둘레에는 금 은 청옥 수정의 네 가지 보석으로 된 네 개의 층계가 있으며, 그 위에는 금 은 청옥 수정 적진주 마노 호박으로 찬란하게 꾸며진 누각이 있다. 또 그 연못 속에는 푸른빛에서는 푸른 광채가, 누른빛에서는 누른 광채가, 붉은빛에서는 붉은 광채가, 흰빛에서는 흰 광채가 나는 수레의 바퀴만한 연꽃이 피어 참으로 아름답고 향기롭고 정결하다. 사리불이여, 극락세계는 이와 같은 공덕 장엄으로 이루어져 있다.

사리불이여, 또 저 불국토에는 항상 천상 음악이 연주되고, 대지는 황금색으로 빛나고 있으며, 밤낮으로 천상의 만다라 꽃비가 내린다. 그 불국토의 중생들은 이른 아침마다 바구니에 여러 가지 아름다운 꽃을 담아 다른 세계로 다니며 십 만억 붓다께 공양하고, 조반 전에 돌아와 식사를 마치고 산책한다. 사리불이여, 극락세계에는 이와 같은 공덕 장엄으로 이루어져 있다.

또 사리불이여, 그 불국토에는, 밤낮을 가리지 않고 항상 화평하고 맑은 소리로 오근과 오력과 칠보리분과 팔정도를 노래하는 백학 공작 앵무새 사리새 가릉빈가 공명조 등 아름답고 기묘한 여러 가지 빛깔을 가진 새들이 있다. 그 나라 중생들은 그 노래를 들으면, 붓다를 생각하고, 법문을 생각하며, 청정한 승가를 생각하게 된다.

사리불이여, 그대는 이 새들이 죄업으로 태어난 존재라고 생각하지 말라. 무엇 때문인가? 저 불국토에는 지옥 아귀 축생의 삼악도가 없기 때문이다. 사리불이여, 그곳에는 지옥이라는 말조차도 없는데, 하물며 그런 것이 실제로 있겠느냐. 이 같은 새들은 아미타불께서 모두 법문을 펴기 위해 화현으로 만든 것이다.

사리불이여, 그 불국토에서 미풍이 불면 보석으로 장식된 가로수와 나망에서 백천 가지 악기가 합주 되는 듯 아름다운 소리가 나온다. 이 소리를 듣게 되면 붓다를 생각하고, 법문을 생각하며, 승가를 생각하는 마음이 저절로 우러나게 된다. 사리불이여, 극락세계는 이와 같은 공덕 장엄으로 이루어져 있다.

사리불이여, 저 붓다를 어찌하여 '아미타불'이라 하는 줄 아느냐? 저 붓다의 광명이 한량없이 시방세계를 두루 비추어도 조금도 걸림이 없기 때문이다.

또 사리불이여, 저 붓다와 저 나라 인민의 수명이 한량없고 끝이 없는 아승기겁이라 아미타불이라 한다. 아미타불이 붓다가 된 지는 벌써 십 겁이 더 지났다.

또 사리불이여, 그 붓다에게는 어떠한 수 단위로도 그 수효를 헤아릴 수 없이 많은 아라한 성문 제자들이 있으며, 보살 대중의 숫자도 그러하다. 사리불이여, 극락세계는 이와 같은 공덕 장엄으로 이뤄져 있다.

또 사리불이여, 극락세계에 태어나는 중생들은 다 보리심에서 물러나지 않는 이들이며, 그 가운데는 일생보처에 오른 이들이 많아서 어떤 숫자와 비유로도 헤아릴 수 없고, 다만 무량무변 아승기라고 표현할 뿐이다.

사리불이여, 이 법문을 들은 중생들은 저 세계에 가서 나기를 서원해야 할 것이니, 까닭이 무엇이냐. 으뜸가는 여러 성현과 함께 그곳에서 수행할 수 있기 때문이다.

사리불이여, 작은 선근의 복덕으로는 저 세계에 가서 날 수 없다.

사리불이여, 아미타불의 이야기를 듣고 하루나 이틀 혹은 사흘, 나흘, 닷새, 엿새, 이레 동안 한결같은 마음으로 아미타불의 이름을 외우되, 조금도 마음이 흐트러지지 않으면, 그가 임종할 때 아미타불이 여러 거룩한 분들과 함께 그 사람 앞에 나타날 것이다. 그래서 그는 생각이 뒤바뀌지 않고 흔들리지 않고 목숨을 마치고 아미타불의 극락세계에 왕생하게 될 것이다.

  사리불이여, 나는 이러한 도리를 알고 이와 같은 설법을 하는 것이다. 이 법문을 듣는 이들은 누구나 저 국토에 가서 나기를 발원해야 할 것이다.

  사리불이여, 내가 지금 아미타불의 한량없는 공덕을 찬탄하는 것처럼 동방에도 아촉비불 수미상불 대수미불 수미광불 묘음불 등 수없는 붓다께서 각기 그 세계에서 삼천대천세계에 두루 미치도록 진실한 말씀으로 '그대들은 모든 붓다께서 한결같이 찬탄하고 보호하는 불가사의한 공덕이 있는 이 법문을 진심으로 믿으라'고 설법하고 계신다.

사리불이여, 남방세계에도 일월등불 명문광불 대염견불 수미등불 무량정진불 등 수없는 붓다께서 각기 그 세계에서 삼천대천세계에 두루 미치도록 진실한 말씀으로 '그대들은 모든 붓다께서 한결같이 찬탄하고 보호하는 불가사의한 공덕이 있는 이 법문을 진심으로 믿으라'고 설법하고 계신다.

사리불이여, 서방세계에도 무량수불 무량상불 무량당불 대광불 대명불 보상불 정광불 등 수없는 붓다께서 각기 그 세계에서 삼천대천세계에 두루 미치도록 진실한 말씀으로 '그대들은 모든 붓다께서 한결같이 찬탄하고 보호하는 불가사의한 공덕이 있는 이 법문을 진심으로 믿으라'고 설법하고 계신다.

사리불이여, 북방세계에도 염견불 최

승음불 난저불 일생불 망명불 등 수없는 붓다께서 각기 그 세계에서 삼천대천세계에 두루 미치도록 진실한 말씀으로 '그대들은 모든 붓다께서 한결같이 찬탄하고 보호하는 불가사의한 공덕이 있는 이 법문을 진심으로 믿으라'고 설법하고 계신다.

사리불이여, 하방세계에도 사자불 명문불 명광불 달마불 법당불 지법불 등 수없는 붓다께서 각기 그 세계에서 삼천대천세계에 두루 미치도록 진실한 말씀으로 '그대들은 모든 붓다께서 한결같이 찬탄하고 보호하는 불가사의한 공덕이 있는 이 법문을 진심으로 믿으라'고 설법하고 계신다.

사리불이여, 상방세계에도 범음불 수왕불 향상불 향광불 대염견불 잡색보

화엄신불 사라수왕불 보화덕불 견일체
의불 여수미산불 등 수없는 붓다께서
각기 그 세계에서 삼천대천세계에 두
루 미치도록 진실한 말씀으로 '그대들
은 모든 붓다께서 한결같이 찬탄하고
보호하는 불가사의한 공덕이 있는 이
법문을 진심으로 믿으라'고 설법하고
계신다.

사리불이여, 이 법문을 가리켜 어찌
하여 모든 붓다께서 한결같이 보호하
는 법문이라 하는 줄 아느냐? 사리불이
여, 만일 이 법문을 듣고 받아 지니거
나 붓다의 이름을 듣는 선남자선여인
은 붓다들의 옹호함을 입어 '높고 바른
깨달음'에서 물러나지 않음을 얻게 된
다. 그러므로 사리불이여, 그대들은 내
법문과 여러 붓다의 법문을 믿고 지녀

야 한다.

사리불이여, 만일 아미타불 세계에 가서 나기를 이미 발원하였거나 지금 발원하거나 혹은 장차 발원하는 사람은 위없는 정등각에서 물러나지 않고, 그 세계에 벌써 났거나 지금 나거나 혹은 장차 날 것이다. 그러므로 신심이 있는 선남자선여인들은 극락세계에 가서 나기를 발원해야 한다.

사리불이여, 내가 지금 여러 붓다의 불가사의한 공덕을 찬탄하듯이, 저 붓다들도 '석가모니 붓다께서 어렵고 희유한 일을 하시니, 시대가 흐리고, 견해가 흐리고, 번뇌가 흐리고, 중생이 흐리고, 생명이 흐린 사바세계의 다섯 가지가 혼탁한 세상에서 위없는 정등각을 얻고 중생들을 위해 세상에서 믿기 어려운 법을 설하고 계신다'고 하며 나의 불가사의한 공덕을 칭찬하실 것이다.

사리불이여, 내가 이 다섯 가지가 혼탁한 세상에서 갖은 고행 끝에 위없는 정등각을 얻고, 모든 세상과 중생을 위해 믿기 어려운 법을 설하는 것은 결코 쉬운 일이 아님을 알아야 한다."

붓다께서 이 경전을 설하시자 사리불과 비구들과 모든 세간의 천인 아수라들이 붓다께서 설하신 법문을 듣고 기뻐하며 예배하고 물러갔습니다.

[111쪽 예불참회문]

금강반야바라밀경
금강 같은 지혜 완성(피안)의 경

鳩摩羅什 譯(「金剛般若波羅蜜經」, T8)

이같이 나는 들었습니다.

한때 붓다께서 천이백오십 명의 비구들과 함께 사위국 기원정사에 계셨습니다.

공양 때가 되자, 세존께서는 가사와 발우를 지니시고 탁발을 위해 사위성 도시에 들어가셨습니다. 그곳에서 차례대로 탁발하시고 본래 계시던 곳으로 돌아와서 공양을 마치고, 가사와 발우를 제자리에 내려놓고, 두 발을 씻으신 다음, 준비된 자리에 앉으셨습니다.

그때 대중 속에 있던 장로 수부티가 자리에서 일어나, 오른쪽 어깨를 드러내고, 오른 무릎을 땅에 대고 공경히 합장하며 붓다께 말씀드렸습니다.

[수부티] "희유합니다, 세존이시여. 여래께서는 모든 보살을 잘 호념하며, 모든 보살을 잘 부촉하십니다.

세존이시여, 여래께서 깨달은 '높고 바른 깨달음'을 구하려는 마음을 낸 선남자 선여인은 어떻게 마음을 머무르며, 어떻게 수행하고 어떻게 마음을 조복 받아야 합니까?"

[붓다] "좋다, 좋다, 잘 말했다. 수부티여, 그대 말처럼 여래는 모든 보살을 잘 호념하며, 잘 부촉한다. 그대를 위해 설하리니 잘 들어라.

높고 바른 깨달음을 구하려는 마음을 낸 선남자 선여인은 이같이 머무르고, 이같이 마음을 조복 받아야 한다."

[수부티] "예, 세존이시여" 하며 기쁘게 듣고자 하였습니다.

[붓다] "모든 보살마하살은, '알에서 나는 것, 태에서 나는 것, 습기에서 나는 것, 화현하여 나는 것; 형상이 있는 것, 형상이 없는 것; 인식작용이 있는 것, 인식작용이 없는 것, 인식작용이 있는 것도 인식작용이 없는 것도 아닌 것 등 일체 중생을, 나는 남음 없는 완전한 열반의 경지에 들게 하리라.' 이렇게 셀 수 없고 한량없는 중생을 완전한 열반에 들게 하였으나 '완전한 열반에 든 자는 참으로 없도다'라고 하는 마음으로 마음을 조복 받아야 한다.

무슨 까닭인가. 수부티여, 만일 보살에게 아상·인상·중생상·수자상이 있다면 보살이라 할 수 없기 때문이다.

다시 또 수부티여, 보살은 법의 경계에 머묾 없이 보시해야 한다. 이것은 '형상에 머물지 않고 보시하며, 소리·향기·맛·촉감·마음 등 어떤 대상에도 머물지 않고 보시하라는 것'이다. 수부티여, 보살은 이같이 보시하여 겉모양인 상에 머물지 않아야 한다.

무슨 까닭인가. 만일 보살이 상에 머물지 않고 보시한다면, 그 복덕은 양을 잴 수가 없기 때문이다.

수부티여, 동쪽 허공의 양을 잴 수 있겠느냐?"

[수부티] "없습니다, 세존이시여."

[붓다] "수부티여, 남·서·북방과 사유, 위·아래 시방의 일체 세계 허공의 양은 잴 수 있겠느냐?"

[수부티] "없습니다, 세존이시여!"

[붓다] "수부티여, 보살이 상에 머묾이 없이 보시하는 복덕 또한 그 양을 잴 수가 없다. 수부티여, 보살은 오직 가르침과 같이 머물러야 한다."

"수부티여, 삼십이상이 갖춰진 몸매로써 여래를 볼 수 있겠느냐?"

[수부티] "없습니다, 세존이시여. 몸매로는 여래를 볼 수 없습니다. 그 까닭은 여래께서 설하신 몸매는 곧 몸매가 아니기 때문입니다."

[붓다] "몸매라 하는 것은 모두 헛된 것이다. 만일 삼십이상이 갖춰진 제상[諸相, 몸매]과 삼십이상이 갖춰지지 않은 비상(非相)을 바로 보면 여래를 볼 수 있다."

[수부티] "세존이시여, 미래 정법이 쇠퇴할 때, 이와 같은 말씀이나 글귀를 듣고 진실한 믿음을 일으키는 중생이 조

금이라도 있겠습니까?"

[붓다] "그렇게 말하지 말라. 여래가 멸한 뒤 다섯 번째 백년에도, 이 법문에 잘 믿는 마음을 낼 것이며, 이를 진실한 것으로 삼아 계율을 지키며 복을 닦는 사람이 있을 것이다. 이 사람은 한 붓다, 두 붓다, 서너 다섯 붓다에 선근을 심었을 뿐만 아니라, 이미 한량없는 천만 붓다의 자리에 온갖 선근을 심었으므로 이 법문을 듣는 즉시 오로지 일념으로 깨끗한 믿음을 내는 자들임을 알아야 한다.

수부티여, 여래는 이 모든 중생이 헤아릴 수 없는 복덕을 쌓게 될 것임을 다 알고, 다 본다.

이들은 다시는 아상 인상 중생상 수자상이 없을 것이며, 법의 상도 없으며,

법의 상이 아니라고 하는 생각조차 없을 것이기 때문이다.

이들이 만일 마음에 상이 일어난다면 아상 인상 중생상 수자상에 집착하게 되는 것이고, 법의 상이 일어나도 아상 인상 중생상 수자상에 집착하는 것이다. 법이 아니라고 하는 상이 생겨난다면 그것도 아상 인상 중생상 수자상에 집착하는 것이 된다. 그러므로 법을 취해서도 안 되고, 법이 아닌 것을 취해서도 안 된다.

이러한 뜻에서 여래는 늘 '나의 법문이 뗏목의 비유와 같다는 것을 아는 그대 비구들은, 법도 버려야 하거늘 하물며 법이 아닌 것들이랴!'라고 설하였다.

수부티여, 여래가 '높고 바른 깨달음'

을 깨달았느냐? 여래에 의해 설해진 법이 있느냐?"

[수부티] "제가 붓다께서 설하신 뜻을 이해하기로는, '높고 바른 깨달음'이라고 말해질 법이 없으며, 여래에 의해 설해졌다고 하는 정해진 법도 없습니다.

여래에 의해 설해진 법은, 모두 잡을 수도 없고 설명할 수도 없기 때문이며, 법도 아니요, 법이 아님도 아니기 때문입니다. 일체 성현들은 다 무위법으로써 차별이 있기 때문입니다."

[붓다] "수부티여, 삼천대천세계에 칠보를 가득 채워 보시하는 사람이 쌓게 되는 복덕이 많다고 할 수 있겠느냐?"

[수부티] "많습니다, 세존이시여. 그 까닭은 복덕은 곧 복덕의 모습이 아니기 때문에 복덕이 많다고 여래께서는 말씀

하시는 것입니다."

[붓다] "이 법문 가운데 사구 게송 하나만이라도 배워 남들에게 알려주는 사람의 복은 앞의 사람이 지은 복덕을 뛰어넘을 것이다.

수부티여, 일체 붓다와 모든 붓다의 높고 바른 깨달음이라는 법이 모두 이 상을 타파하라는 법문에서부터 생겨났기 때문이다.

수부티여, 불법이라고 말해지는 것은 불법이 아니다.

수부티여, 성자의 흐름에 든 수다원이 '나는 예류과를 증득했다'라고 생각하겠느냐?"

[수부티] "아닙니다, 세존이시여. 수다원은 '성자의 흐름에 든 자'라고 말해지지만, 그는 들지 않았으며, 형상 소리 향

기 맛 촉감 마음의 어떤 대상에도 든 적이 없으므로 수다원이라 말해지는 것입니다."

[붓다] "수부티여, 한 번만 더 돌아올 사다함이 '나는 일래과를 증득했다'라고 생각하겠느냐?"

[수부띠] "아닙니다, 세존이시여. 사다함은 '한 번만 더 돌아올 자'라 말해지지만, 참으로 '한 번만 갔다 왔다'라고 하는 것이 없으므로 사다함이라 말해지는 것입니다."

[붓다] "수부티여, 다시는 돌아오지 않을 아나함이 '나는 불환과를 증득했다'라고 생각하겠느냐?"

[수부티] "아닙니다, 세존이시여. 아나함은 '다시는 돌아오지 않을 자'라 말해지지만, 참으로 돌아오지 않는다는 것이

없으므로 아나함이라 말해지는 것입니다."

[붓다] "수부티여, 다시는 태어나지 않는 아라한이 '나는 아라한과를 증득했다'라고 생각하겠느냐?"

[수부티] "아닙니다, 세존이시여. 아라한이라 말해질 법이 참으로 없습니다.

세존이시여, 만일 아라한이 '나는 아라한과를 증득했다'라고 생각한다면 '아 인 중생 수자'에 집착하게 되는 것입니다.

세존이시여, 붓다께서는, 제가 다툼 없는 삼매에 머무는 자 중에서 가장 으뜸과를 얻었다고 말씀하셨습니다. 이것은 욕망을 여읜 제일 아라한이라는 말씀일 것입니다.

세존이시여, '나는 욕망을 여읜 아라

한이다'라고 생각하지 않습니다. 세존이시여, 제가 만일 '나는 아라한과를 증득했다'라고 생각한다면, 세존께서 '수부티는 아란나행을 좋아하는 자이다, 수부티는 참으로 끌림이 없으므로 수부티는 아란나행을 좋아한다고 말해질 수 있다'라고 설하지 않으셨을 것입니다."

[붓다] "여래가 과거 연등불 회상에 있을 때, 법에 대하여 깨달은 것이 있느냐?"

[수부티] "없습니다, 세존이시여. 여래께서 연등불 회상에 계실 때, 법에 대하여 참으로 깨달은 것이 없습니다."

[붓다] "수부티여, 보살이 불국토를 장엄하느냐?"

[수부티] "아닙니다, 세존이시여. 불국토를 장엄한다는 것은 장엄함이 아니므

로 장엄한다고 말해지는 것입니다."

[붓다] "수부티여, 모든 보살마하살은 이같이 머묾이 없는 맑고 깨끗한 마음을 내어야 한다. 어떤 형상에 머물지 않고 마음을 내어야 하며, 소리 향기 맛 촉감 마음 등 어떤 대상에도 머묾이 없이 마음을 내야 한다.

수부티여, 몸이 수미산과 같은 사람이 있다면, 그 사람의 몸이 크다고 할 수 있겠느냐?"

[수부티] "매우 큽니다, 세존이시여. 붓다께서는 '몸은 몸이 아니므로 큰 몸이라 말해질 수 있다'라고 설하셨습니다."

[붓다] "수부티여, 강가[恒河江] 강의 모래알 수와 같은 강가 강이 있다면, 그 강가 강의 모래알의 숫자가 참으로 많다고 할 수 있겠느냐?"

[수부티] "매우 많습니다, 세존이시여. 그 모든 갠가 강만 하여도 셀 수 없거늘, 하물며 모래의 숫자이겠습니까?"

[붓다] "수부티여, 갠가 강의 모래 숫자만큼의 삼천대천세계에 칠보를 가득 채워서 그것으로 보시하는 선남자 선여인이 쌓게 되는 복덕이 많겠느냐?"

[수부티] "매우 많습니다, 세존이시여."

[붓다] "선남자 선여인이 이 법문에서 사구 게송만이라도 배워 마음에 간직해서 다른 이들에게 자세히 설명해준다면, 이것으로 인해서 쌓게 되는 복덕은 앞에서 말한 사람의 복덕을 뛰어넘을 것이다.

수부티여, 이 법문이나 사구게만이라도 설해지는 그곳이 일체 세간의 하늘과 인간과 아수라가 모두 기꺼이 공양하는 붓다의 탑묘(塔廟)와 같은 곳이 되리라는 것을 알지니라. 하물며 이 법문을 받아 지녀 읽고 외우는 사람임에랴.

수부티여, 이 사람은 가장 높고 제일 희유한 법을 성취할 것이며, 이 경전이 설해지는 곳이 붓다가 머무는 곳이 되며, 존경받는 붓다의 제자들이 머무는 곳이 된다는 것을 알아야 한다.

수부티여, 셀 수 없는 아승기 세계에 칠보를 가득 채워 보시하는 사람이 쌓게 되는 공덕보다, 이 경의 네 구절 게송만이라도 마음에 지니고 읽고 외우며 다른 사람을 위해 설명해 주는, 보살의 마음을 낸 선남자 선여인이 쌓게 되는 복덕이 더 뛰어날 것이다.

어떻게 남들을 위해 설명해 줄 것인가. 어떤 상도 취하지 않으며 여여(如如)

하여 어떤 상에도 끌리지 않아야 한다.

무슨 까닭인가.

'형성된 것은 참으로

꿈 환상 물거품 그림자와 같고

이슬과 같고 또한 번개와 같다.'

이렇게 보아야 하기 때문이다."

[수부티] "세존이시여, 이 법문의 이름은 무엇이라 하옵는지요? 저희가 어떻게 마음에 간직하면 되겠습니까?"

[붓다] "이 법문은 '금강반야바라밀'이라 할 수 있다. 이 이름으로써 그대들은 마음에 간직하여라."

붓다께서 이 경전을 설하시자, 장로 수부티와 모든 비구 비구니 우바새 우바이들과 일체 세간의 천·인과 아수라 등이 붓다의 법문을 듣고 모두 크게 기뻐하며 확신하고 수행하였습니다.

[111쪽 예불참회문]

관세음보살보문품 게송

鳩摩羅什 譯(『妙法蓮華經』,「觀世音菩薩普門品」, T9)

[무진의] "묘한 상호 갖추신 세존이시여,
제가 지금 거듭하여 여쭈옵니다.
관세음은 어떠한 인연으로써
관세음보살이라 불리나이까?"

좋은 상호 갖추신 세존께서는
게송으로 물음에 답하시었다.
[붓다] "들을지니, 관음의 거룩한 행은
모든 곳에 묘하게 잘 응하시니

크고 깊은 바다 같은 그 서원들은
영원토록 생각해도 다 못 하리라
천억의 수많은 붓다 모시며
거룩한 큰 서원을 세웠느니라.

그대 위해 간략히 설명하리라

이름을 듣거나 그 몸을 보고
마음에 헛되이 잊지 않으면
일체 모든 고통에서 벗어나리라.
염불 행자 해치려는 이에 의하여
불구덩이에 밀리어 빠질지라도
관음보살 위신력을 염한 힘으로
불구덩이 변하여 연못 되리라.

큰 바다에 빠져서 떠돌게 되어
악룡이나 귀신들의 재앙 만나도
관음보살 위신력을 염한 힘으로
센 파도도 빠뜨리지 못할지니라.

높고 험한 수미산 봉우리에서
악인에게 떠밀려 떨어졌으나
관음보살 위신력을 염한 힘으로
허공의 해와 같이 머물게 되리.

해치려는 나쁜 사람 피하려다가

금강산 험한 곳에 추락하여도
관음보살 위신력을 염한 힘으로
털끝 하나 다치지 않게 되리라.

도적 떼나 원수가 둘러싸고서
칼로써 해치려고 덤빌지라도
관음보살 위신력을 염한 힘으로
오히려 자비심을 일으키리라.

나라의 어려운 고초를 만나
형벌을 받아 죽게 되었더라도
관음보살 위신력을 염한 힘으로
오히려 형벌 칼이 부서지리라.

잘못되어 감옥에 갇히게 되어
손발에 수갑 족쇄 채워졌어도
관음보살 위신력을 염한 힘으로
홀연히 풀려나 자유 얻으리.

저주나 갖가지 독약으로써
그 몸을 해치려는 자가 있어도
관음보살 위신력을 염한 힘으로
도리어 화액이 그에게 가리.

악독한 나찰을 만났다거나
독한 용, 가지가지 귀신 만나도
관음보살 위신력을 염한 힘으로
염불행자 해치지를 못할 것이라.
사나운 짐승들에 둘러싸이어
날카로운 이빨 발톱 두렵더라도
관음보살 위신력을 염한 힘으로
재빨리 아주 멀리 달아나리라.

도마뱀, 독사, 전갈 같은 독충이
독한 기운 불꽃 연기 뿜어대어도
관음보살 위신력을 염한 힘으로
염불 소리 듣고는 물러가리라.

천둥소리 번개 빛 요란하거나
우박과 큰 비가 내릴지라도
관음보살 위신력을 염한 힘으로
일시에 흩어져 사라지리라.

중생이 뜻밖의 재앙을 당해
한량없는 고통에 핍박당해도
관음보살 신묘한 지혜의 힘이
세간의 온갖 고통 면케 해주리.

갖가지 신통력 두루 갖추고
지혜의 방편력 널리 닦아서
시방세계 모든 국토 어디에든지
그 몸을 나타내지 않은 곳 없네.

갖가지 악한 업의 과보로 인해
지옥, 아귀, 축생도서 받아야 하는
생로병사 일체의 괴로움들을
점차로 모두 다 없애 주리라.

참되고 청정한 눈으로 보고
크고 넓은 지혜의 눈으로 보고,
연민과 우애의 눈으로 보니
늘 바라고 우러러 사모하여라.

때 묻지 않은 맑고 깨끗한 빛은
지혜의 태양처럼 어둠을 깨고
재앙의 불 바람을 굴복시키며
세간을 널리 밝게 비추느니라.

대비 몸에 계의 우레 진동하여서
인자한 마음의 구름 일구고
감로의 법 비를 내려주어서
번뇌의 불길을 끄게 하리라.
옳고 그름 가리는 재판정이나
무섭고 두려운 싸움터서도
관음보살 위신력을 염한 힘으로
원수들은 흩어져 물러가리라.

바른 음성, 세간을 살피는 음성,
범천 음성, 바다 물결 같은 음성은
세속의 음성을 뛰어넘으니
언제나 생각하고 간직하여라.

생각하고 간직하되 의심치 말라
관세음은 거룩한 대성인이라
고뇌와 죽을 재액 닥치더라도
염불행자 그대들의 의지처 되리.

일체 모든 거룩한 공덕 갖추어
자비스런 눈으로 중생 살피는
바다처럼 한량없는 복 지녔으니
그대들은 머리 숙여 예배하여라."

[111쪽 예불참회문]

고왕경 [본명관세음보살구생경]
高王經 本名觀世音菩薩救生經

[정주모사 손경덕 몽수위 승상 발해왕고환포]
定州募士 孫敬德 夢授爲 丞相 渤海王高歡布

나모관세음보살 나모불 나모법 나모
南無觀世音菩薩 南無佛 南無法 南無

승 불국유연 불법상인 상락아정 유연
僧 佛國有緣 佛法相因 常樂我淨 有緣

불법 나모마하반야바라밀 시대신주
佛法 南無摩訶般若波羅蜜 是大神呪

나모마하반야바라밀 시대명주 나모
南無摩訶般若波羅蜜 是大明呪 南無

마하반야바라밀 시무상주 나모마하
摩訶般若波羅蜜 是無上呪 南無摩訶

반야바라밀 시무등등주 나모정광비
般若波羅蜜 是無等等呪 南無淨光秘

밀불 법장불 사자후신족유왕불 불고
密佛 法藏佛 師子吼神足幽王佛 佛告

수미등왕불 법호불 금강장사자유희
須彌燈王佛 法護佛 金剛藏師子遊戲

불 보승불 신통불 약사유리광불 보광
佛 寶勝佛 神通佛 藥師琉璃光佛 普光

공덕산왕불 선주공덕보왕불 과거칠
功德山王佛 善住功德寶王佛 過去七

불 미래현겁천불 천오백불 만오천불
佛 未來賢劫千佛 千五百佛 萬五千佛

오백화승불 백억금강장불 정광불 육
五百花勝佛　百億金剛藏佛　定光佛　六

방육불명호 동방보광월전묘음존왕불
方六佛名號　東方寶光月殿妙音尊王佛

남방수근화왕불 서방조왕신통염화왕
南方樹根花王佛　西方竈王神通焰花王

불 북방월전청정불 상방무수정진보
佛　北方月殿清淨佛　上方無數精進寶

수불 하방선적월음왕불 무량제불 다
首佛　下方善寂月音王佛　無量諸佛　多

보불 석가모니불 미륵불 아촉불 아미
寶佛　釋迦牟尼佛　彌勒佛　阿閦佛　阿彌

타불 중앙일체중생 재불토계중자 범
陀佛　中央一切衆生　在佛土界中者　梵

왕제석 행주어지상 급 재허공중 자우
王帝釋　行住於地上　及　在虛空中　慈憂

어일체중생 각령안온휴식 주야수지
於一切衆生　各令安穩休息　晝夜受持

신심 상구송차경 능멸생사고 소복어
身心　常求誦此經　能滅生死苦　消伏於

독해 나모대명관세음 관명관세음 고
毒害　南無大明觀世音　觀明觀世音　高

명관세음 개명관세음 약왕보살 약상
明觀世音　開明觀世音　藥王菩薩　藥上

보살 문수보살 보현보살 허공장보살
菩薩　文殊菩薩　普賢菩薩　虛空藏菩薩

지장보살 청량산일만보살 보광여래
地藏菩薩　清凉山一萬菩薩　普光如來

화승보살 염념송차경 칠불세존 즉설
化勝菩薩 念念誦此經 七佛世尊 卽說

주왈 이바이바디 구아구아디 다라니
呪曰 離波離波帝 求訶求訶帝 陀羅尼

디 니하라디 비리니디 마하가디 진령
帝 尼訶羅帝 毗離尼帝 摩訶迦帝 眞寧

갈디 스바하 시방관세음 일체제보살
羯帝 娑婆訶 十方觀世音 一切諸菩薩

서원구중생 칭명실해탈 약유박복자
誓願救衆生 稱名悉解脫 若有薄福者

은근위해설 난시유인연 독송구불철
慇懃爲解說 但是有因緣 讀誦口不輟

송경만천편 염념심부절 화염불능상
誦經萬千遍 念念心不絶 火焰不能傷

도병입최절 에로생환희 사자변성활
刀兵立摧折 恚怒生歡喜 死者變成活

막언차시허 제불불망설
莫言此是虛 諸佛不妄說

　　　　　　　　　　　　　고왕관세음경종
　　　　　　　　　　　　　高王觀世音經終

고왕경찬어:『고왕관세음경』은 여러 중생이 고통과 난리에 빠졌을 때 건져준다. (염송하면) 위급한 일을 당하였더라도 벗어날 수 있다. 옹호하는 여덟 보살에게 절하고 천편 만편을 염송한다. 박복하여 믿지 않을지라도 여러 죄가 다 소멸되고 무거운 죄는 사라진다. 여러 붓다의 말씀은 헛되지 않으니 마땅히 정례해야 한다.

관세음보살몽수경
觀世音菩薩夢受經

나모관세음보살
南無觀世音菩薩

나모불 나모법 나모승
南無佛 南無法 南無僧

여불유인 여불유연 불법상인 상락아
與佛有因 與佛有緣 佛法相因 常樂我

정 조염관세음 모염관세음
淨 朝念觀世音 暮念觀世音

염념종심기 염불불리심
念念從心起 念佛不離心

천라신 지라신 인리난 난리신
天羅神 地羅神 人離難 難離神

일체재앙화위진
一切災殃化爲塵

나모마하반야바라밀
南無摩訶般若波羅蜜

보현행원

般若 譯(「入不思議解脫境界普賢行願品」, T10) 重頌

① 보현보살 서원과 실천의 힘으로
  모든 여래 앞에 두루 나아가듯
  한 몸으로 다함 없는 몸 나타내어
  다함 없는 붓다께 절하겠습니다.

② 온 법계 티끌 속의 붓다께서
  각자 오묘한 말씀 펼치시니
  오는 세상 모든 겁 다할 때까지
  붓다의 깊은 공덕 찬탄하겠습니다.

③ 넓고 크고 뛰어난 지혜의 마음으로
  삼세의 모든 붓다 깊이 믿고
  보현보살 실천과 서원 크신 힘으로
  두루두루 붓다께 공양하겠습니다.

④ 지금까지 제가 지은 온갖 악업은

성 잘 내고 욕심 많고 어리석은 탓
몸과 말과 생각으로 지은 것이니
제가 이제 그 모두를 참회합니다.

⑤ 시방세계 모든 중생과
성문 연각 유학 무학과
모든 여래와 보살의
온갖 공덕 함께 기뻐하겠습니다.

⑥ 모든 세계 비추는 등불
맨 처음 보리를 이루신 분께
제가 지금 더없이 훌륭한 법
설하여 주시기를 청하겠습니다.

⑦ 붓다께서 열반에 드시려 할 때
저는 지극한 정성으로
모든 중생 이롭고 안락하게
세상에 오래 계시기를
청하겠습니다.

⑧ 예경하고 찬탄하고 공양한 복과
세상에 계시며 법륜 굴리시길
청한 것과 함께 기뻐하고 참회한
모든 선근을 중생과 불도에
회향하겠습니다.

⑨ 모든 여래를 따라 배우고
보현보살 원만한 실천 닦아 익혀
시방 삼세 붓다께 공양하며,
항상 붓다를 따라 배우겠습니다.

⑩ 시방세계 중생이 언제나 안락하고
깊고 바른 법의 이익 얻어
남김없이 번뇌를 없애기를 바라며
항상 중생의 뜻을 따르겠습니다.

[111쪽 예불참회문]

약본 불유교경

鳩摩羅什 譯(K453, T12)

붓다께서 법을 설하여 최초로 아야교진여를 제도하고, 최후로 수밧드라를 제도하시고, 열반에 드시려 할 무렵, 다시 제자들을 위해 법의 요점을 간략히 설하셨습니다.

"비구들이여, 내가 입멸한 후 바라티목차(계율)를 귀하게 여겨 스승으로 삼는다면 내가 세상에 있다고 해도 별반 다르지 않을 것이다.

청정한 계율을 지닌 자는 기이한 행동으로 중생을 미혹시키는 일 등은 하지 말고, 음식·의복·침구·의약의 네 가지 공양에 만족할 줄 알아야 한다. 계를 바르게 따르면 해탈의 근본이 되므로 바라티목차라고 한다. 이 계율에 의지하여야 선정과 고통을 소멸하는 지혜가 생겨나는 것이다.

이미 이러한 계율에 머물러 있다면 다음의 법문을 준수하여라.

첫째, 다섯 감각기관(五根)을 잘 다스려 다섯 욕락(五欲)에 빠지지 말라. 오근을 제멋대로 놓아두면 오욕은 끝이 없어 고삐 풀린 미친 코끼리처럼 이리저리 날뛰는 원숭이처럼 제어하기 어렵게 된다. 오근의 주인은 마음이니 마음을 멋대로 놓아두면 착한 일을 잃게 하지만, 잘 제어해서 한 곳에 두면 처리하지 못할 일이 없다. 그러니 비구들이여, 부지런히 정진하여 그 마음을 꺾어 굴복시켜라.

둘째, 음식은 몸을 지탱하는 약으로 알아 굶주림과 목마름을 없앨 정도로만 먹어라. 꿀벌이 꽃에서 꿀만 취하듯 공양받을 때 너무 많이 얻어서 주는 이의 선한 마음을 무너뜨리지 말고, 지혜로운 사람이 소가 감당할 무게의 짐을 싣듯 지나치게 무거운 짐을 져서 기력을 다하지 말라.

셋째, 잠을 자는 것으로 일생을 헛되이 하지 말라. 낮과 저녁, 새벽에는 부지런히 선법(善法)을 닦아 익히고, 밤중에도 경을 외며 쉬지 말라. 무상(無常)의 불길이 온 세간을 태우고 있으니 빨리 자신을 구제할 길을 생각해야지 잠을 자서는 안 된다. 번뇌라는 도적은 나를 죽이려는 원수보다 심하니 어찌 편히 잠을 자겠는가.

넷째, 성내거나 원한을 품지 말라. 누군가 사지를 갈기갈기 찢더라도 성내거나 원한을 품지 말고, 입으로는 나쁜 말을 하지 말라. 성내는 마음은 맹렬한 불길보다 심한 것이니 잘 막고 지켜서 마음속에 들어오지 못하게 하라. 맑은 하늘에 천둥이 울리고 번개가 치듯 출가한 사람이 성내는 것은 옳지 못한 일이다.

다섯째, 교만한 마음은 빨리 없애버려

라. 교만한 마음이 일어나면 좋은 옷을 버리고 가사 입고 발우 들고 걸식으로 살아가는 그대의 머리를 만져보라. 교만함은 세속 사람도 할 일이 아닌데, 해탈을 위해 출가하여 자신을 낮추고 걸식하는 사람이 교만해서 되겠는가.

여섯째, 아첨하지 말고 꾸밈없이 정직하라. 아첨하는 것은 남을 속이는 일이니, 그대들은 마음을 바로잡아 속임 없이 정직함을 근본으로 삼아야 한다.

일곱째, 욕심을 적게 하라. 욕심이 많으면 구하는 이익이 많아서 고뇌가 많지만, 욕심이 적으면 이런 고뇌가 없다. 수행하는 이가 욕심이 적으면 마음이 평안하여 근심과 두려움이 없으며, 하는 일마다 여유가 있어 부족함이 없어 열반을 가지게 된다.

여덟째, 만족할 줄 알라. 온갖 고뇌에서 벗어나려면 만족할 줄 알아야 한다. 만족할 줄 알면 맨땅에 누워있어도 편안하고, 만족할 줄 모르면 천당에 있더라도 마음에 들지 않아 한다. 만족할 줄 모르면 부자이지만 가난하다고 여기고, 만족할 줄 알면 가난하더라도 부자라고 여긴다. 만족할 줄 모르면 언제나 오욕에 끌려다니니, 만족할 줄 아는 이들이 불쌍히 바라보게 된다.

아홉째, 조용한 곳에 머물러라. 큰 나무에 많은 새가 모여 있으면 나무가 마르거나 부러지는 근심이 있듯 대중을 좋아하면 여러 가지 괴로움이 생긴다. 번뇌를 떠나 고요한 무위의 안락을 구하려면 대중을 떠나 조용한 곳에 혼자 머물면서 괴로움의 근본에 대해 사유하여 없애야 한다.

열째, 부지런히 정진하라. 작은 물방울도 쉬지 않고 흐르면 돌도 뚫을 수 있듯 부지런히 정진하면 어떤 일을 대하여도 어려움이 없을 것이다.

열한째, 잊지 않고 생각하라. 선지식을 구하고 훌륭한 도움과 보호를 바란다면 잊지 않고 생각하라. 갑옷을 입고 적진에 들어가면 두려울 게 없듯이, 생각하는 힘이 굳세면 오욕의 도적에게 해침을 당하지 않을 것이다. 언제나 생각을 굳게 지켜 마음에 두라.

열두째, 마음을 선정에 두어라. 항상 부지런히 정진하여 모든 선정을 닦아 익혀야 한다. 물을 아끼는 집안에서 둑과 못을 잘 다스리듯 선정을 얻어 마음이 흩어지지 않으면, 지혜의 물이 새지 않을 것이다.

열셋째, 듣고 사유하고 닦는 지혜를 길러라. 참된 지혜는 늙고 병들고 죽는 바다를 건너는 견고한 배이고, 무명의 어둠 속 밝은 등불이며, 온갖 병을 치료하는 훌륭한 약이고, 번뇌의 나무를 베어내는 예리한 도끼와 같다. 지혜가 있으면 탐내고 집착함이 없을 것이니, 항상 성찰하여 지혜를 잃지 말라.

열넷째, 희론(戱論)하지 말라. 갖가지 희론을 하면 마음이 산란해지니 그대들이 적멸의 즐거움을 얻으려 한다면 희론하는 버릇을 버려야 한다.

열다섯째, 방일하지 말라. 언제나 받은 법을 생각해서 잊어버리지 말고 힘써 부지런히 수행하라. 하는 일 없이 헛되이 죽으면 나중에 후회만 남게 될 것이다. 나는 훌륭한 의사와 같이 병에 따라 약을 주지만, 먹고 먹지 않고는 의사의 잘못이 아니니, 그대들이 사성제(四諦)에 대해 의문이 있다면 어서 물어보라."

이때 세존께서 세 번을 물어보셨으나 질문하는 사람이 없었습니다. 아무도 의심이 없었기 때문입니다. 대중이 사제의 뜻을 잘 안다고 밝혔지만, 세존께서는 대중의 마음을 견고히 하기 위해 대비심으로 다시 말씀하셨습니다.

"비구들이여, 근심하거나 괴로워하지 말라. 내가 한 겁(劫)을 세상에 머문다 해도 언젠가는 입멸할 것이고, 만남이 있으면 헤어질 수밖에 없다. 자신도 이롭고 남도 이롭게 하는 진리는 다 갖추어 있으니, 내가 오래 머문다 해도 이익될 것이 없으며, 제도할 만한 자는 이미 제도하였고, 아직 제도하지 못한 자도 제도할 인연을 이미 지었다. 나의 제자들이 쉬지 않고 수행해 나아간다면 여래의 법신은 언제나 있어서 사라지지 않을 것이다. 세상은 무상하여 만나면 반드시 헤어지게 되니, 걱정하지 말고 부지런히 정진하여 해탈을 구해서 지혜의 광명으로 어리석음과 어두움을 없애 버려라. 비구들이여, 일심으로 부지런히 번뇌에서 벗어나는 길을 구하라. 나는 이제 입멸하려 하니, 이것이 나의 마지막 가르침이다."

붓다께서 이렇게 최후의 가르침 경전을 설하셨습니다.

[111쪽 예불참회문]
[入定] (135쪽 삼매 닦기 참조)

회향의

[수경게]

말씀 듣자 마음 열려
붓다인 줄 알았으니
일생토록 의심 않고
시시때때 활용하리.

[회향게]

뛰어나고 가없는
송경 공덕 회향하니
고통 속의 중생들은
극락세계 어서 가소.

[축원]

"나모붓다야" 십념 후 "붓다님께 아뢰옵니다. 가족은 건강하고, 학문/사업/직무는 이뤄지며/성취하며, 친지들은 행복하고, 이웃들은 안락하며 구경에는 해탈하여지이다. 감" 하는 식으로 축원하고 마친다.

예불참회문

『禪門日誦』(上海佛學書局, 63~74)

대자비로 중생들을 어여삐 보셔
대희대사 베푸시어 제도하시고
수승하신 지혜 덕상 장엄하시니
저희들이 정성 다해 예배합니다.

나모 금강상사
南無 金剛上師

귀의불 귀의법 귀의승
歸依佛 歸依法 歸依僧

제가 이제 발심하여 예배하옴은
제 스스로 복 얻거나 천상에 나며
성문 연각 보살지위 구함 아니요
오직오직 최상승을 의지하옵고
높고 바른 보리심을 냄이오이다.
시방세계 여러 종류 모든 중생이
다 함께 무상보리 얻어지이다.

나모 시방 진허공계 일체제불 [절]
南無 十方 塵虛空界 一切諸佛

나모 시방 진허공계 일체존법 [절]
南無 十方 塵虛空界 一切尊法

나모 시방 진허공계 일체현성승 [절]
南無 十方 塵虛空界 一切賢聖僧

나모 여래 응공 정변지 명행족
南無 如來 應供 正徧知 明行足

선서 세간해 무상사 조어장부
善逝 世間解 無上士 調御丈夫

천인사 불 세존
天人師 佛 世尊

[이하 53불은 『관약왕약상이보살경』]

나모 보광불 보명불 보정불
南無 普光佛 普明佛 普淨佛

다마라발전단향불 전단광불
多摩羅跋栴檀香佛 栴檀光佛

마니당불 환희장마니보적불
摩尼幢佛 歡喜藏摩尼寶積佛

일체세간락견상대정진불
一切世間樂見上大精進佛

마니당등광불 혜거조불
摩尼幢燈光佛 慧炬照佛

해덕광명불
海德光明佛

금강뢰강보산금광불
金剛牢強普散金光佛

대강정진용맹불 대비광불
大強精進勇猛佛 大悲光佛

자력왕불 자장불
慈力王佛 慈藏佛

전단굴장엄승불 현선수불
栴檀窟莊嚴勝佛 賢善首佛

선의불 광장엄왕불 금화광불
善意佛 廣莊嚴王佛 金華光佛

보개조공자재력왕불
寶蓋照空自在力王佛

허공보화광불 유리장엄왕불
虛空寶華光佛 琉璃莊嚴王佛

보현색신광불 부동지광불
普現色身光佛 不動智光佛

항복중마왕불 재광명불
降伏衆魔王佛 才光明佛

지혜승불 미륵선광불
智慧勝佛 彌勒仙光佛

선적월음묘존지왕불 세정광불
善寂月音妙尊智王佛 世淨光佛

용종상존왕불 일월광불
龍種上尊王佛 日月光佛

일월주광불 혜당승왕불
日月珠光佛 慧幢勝王佛

사자후자재력왕불 묘음승불
獅子吼自在力王佛 妙音勝佛

상광당불 관세등불
常光幢佛 觀世燈佛

혜위등왕불 법승왕불 수미광불
慧威燈王佛　法勝王佛　須彌光佛

수만나화광불
須曼那華光佛

우담발라화수승왕불
優曇鉢羅華殊勝王佛

대혜력왕불 아촉비환희광불
大慧力王佛　阿閦毘歡喜光佛

무량음성왕불 재광불
無量音聲王佛　才光佛

금해광불 산해혜자재통왕불
金海光佛　山海慧自在通王佛

대통광불 일체법상만왕불
大通光佛　一切法常滿王佛

[이하 35불은 『결정비니경』]

나모 석가모니불 금강불괴불
南無　釋迦牟尼佛　金剛不壞佛

보광불 용존왕불 정진군불
寶光佛　龍尊王佛　精進軍佛

정진희불 보화불 보월광불
精進喜佛　寶火佛　寶月光佛

현무우불 보월불 무구불
現無愚佛　寶月佛　無垢佛

이구불 용시불 청정불
離垢佛　勇施佛　淸淨佛

청정시불 사류나불 수천불
淸淨施佛　娑留那佛　水天佛

견덕불 전단공덕불 무량국광불
堅德佛 栴檀功德佛 無量掬光佛

광덕불 무우덕불 나라연불
光德佛 無憂德佛 那羅延佛

공덕화불 연화광유희신통불
功德華佛 蓮華光遊戱神通佛

재공덕불 덕념불 선명칭공덕불
才功德佛 德念佛 善名稱功德佛

홍염제당왕불 선유보공덕불
紅燄帝幢王佛 善遊步功德佛

투전승불 선유보불
鬪戰勝佛 善遊步佛

주잡장엄공덕불 보화유보불
周匝莊嚴功德佛 寶華遊步佛

보련화선주사라수왕불
寶蓮華善住娑羅樹王佛

[아래 아미타불 『염구경』 출전]

나모 법계장신아미타불
南無 法界藏身阿彌陀佛

이와 같은 모든 세계 제불세존은

어느 때나 중생들과 함께하시니

저희들을 이제 다시 살펴주소서

저희들의 지난날을 생각하오면

이 생으로 저 생으로 그 먼 생으로

시작 없는 옛적부터 내려오면서
가지가지 지은 죄가 한이 없으니
제 스스로 혼자서도 지었사옵고
다른 이를 시켜서도 짓게 했으며
남이 하는 나쁜 짓을 좋아하였고
탑전이나 삼보도량 갖춘 물건도
승물이나 사방승물 가릴 것 없이
제것인양 마음대로 갖기도 하고
다른 이를 시켜서도 훔치었으며
상주물건 훔치기를 좋아하였고
무간지옥 떨어질 오역중죄도
제 스스로 혼자서도 지었사오며
다른 이를 시켜서도 짓게 했으며
남이 짓는 오역죄를 좋아하였고
삼악도에 떨어질 십악중죄도
제 스스로 혼자서도 지었사옵고
다른 이를 시켜서도 짓게 했으며

남이 짓는 십불선도 좋아했으니
이와 같은 모든 죄가 태산 같으되
어떤 것은 지금에도 생각에 남고
어떤 것은 아득하여 알 수 없으나
알든 말든 지은 죄에 오는 과보는
지옥 아귀 축생도나 다른 악취나
변지하천 멸려차로 떨어지리니
제가 이제 지성 다해 붓다님 전에
이와 같은 모든 죄상 참회합니다.
이 자리에 함께하신 제불세존은
저희들의 온갖 일을 다 아시오니
대자비심 베푸시어 살펴주소서
제가 다시 제불 전에 아뢰옵니다.
저희들이 옛적부터 살아오면서
보시공덕 지었거나 계를 가지되
축생에게 먹이 한입 준 일로부터
청정범행 닦고 익힌 정행공덕과

중생들을 성취시킨 선근공덕과
무상보리 수행해온 수행공덕과
위 없는 큰 지혜의 모든 공덕도
모든 것을 함께 모아 요량하여서
남김없이 보리도에 회향하옵되
시방삼세 상주하신 붓다님께서
지으신   온갖 공덕 회향하듯이
저도 또한 그와 같이 회향합니다.
제가 이제 모든 죄상 참회하옵고
모든 복덕 남김 없이 수희하오며
붓다님을 청하온   공덕으로써
무상지혜 이뤄지길 원하옵니다.
시방삼세 상주하신 붓다님들은
시방세계 다함없는 중생들에게
가없고   한량없는 공덕바다니
제가 이제 목숨 바쳐 절하옵니다.
가없는   시방세계 그 가운데에

과거현재 미래세의 붓다님들께
맑고 맑은 몸과 말과 뜻을 기울여
빠짐없이 두루두루 예경하옵되
보현보살 행과 원의 위신력으로
널리 일체 여래 전에 몸을 나투고
한몸 다시 찰진수효 몸을 나타내
찰진수불 빠짐없이 예경합니다.
일미진중 미진수효 붓다님 계셔
곳곳마다 많은 보살 모이시었고
무진법계 미진에도 또한 그같이
붓다님이 충만하심 깊이 믿으며
몸몸마다 한량없는 음성으로써
다함없는 묘한 말씀 모두 내어서
오는 세상 일체겁이 다할 때까지
붓다님의 깊은 공덕 찬탄합니다.
아름답기 으뜸가는 여러 꽃타래
좋은 풍류 좋은 향수 좋은 일산들

이와 같은 훌륭하온 장엄구로써
시방삼세 붓다님께 공양하오며
으뜸가는 좋은 의복 좋은 향들과
가루향과 꽂는 향과 등과 촛불의
낱낱 것을 수미산의 높이로 모아
일체여래 빠짐없이 공양하오며
넓고 크고 수승하온 이 내 슬기로
시방삼세 붓다님을 깊이 믿삽고
보현보살 행원력을 모두 기울여
일체제불 빠짐없이 공양합니다.
지난 세상 제가 지은 모든 악업은
무시 이래 탐냄 성냄 어리석음에
몸과 말과 뜻으로서 지어 왔으니
제가 이제 남김없이 참회합니다.
시방세계 여러 종류 모든 중생과
성문 연각 유학 무학 여러 이승과
일체 모든 붓다님과 모든 보살의

지니오신 온갖 공덕 기뻐합니다.
시방세계 계시옵는 세간등불과
가장 처음 보리도를 이루신 님께
위 없는 묘한 법문 설하시기를
제가 이제 지성 다해 권청하옵고
붓다님이 대열반에 들려하시면
무량겁을 이 세상에 계시오면서
일체중생 이락하게 살펴주시길
있는 지성 기울여서 권청합니다.
붓다님을 예찬하고 공양한 공덕
오래 계셔 법문하심 청하온 공덕
기뻐하고 참회하온 온갖 선근을
중생들과 보리도에 회향하옵고
예찬하여 수승한 일체 공덕을
위 없는 진법계에 회향하오며,
이치에도 현상에도 막힘이 없고
불법이고 세간이고 걸림이 없는

삼보님과 삼매인의 공덕바다를
제가 이제 남김없이 회향하오니,
모든 증생 신구의로 지은 업장들
잘못 보고 트집 잡고 비방도 하고
나와 법을 집착하여 내던 망견들
모든 업장 남김없이 소멸되어서
순간순간 큰 지혜가 법계에 퍼져
모든 증생 빠짐없이 건져지이다.
허공계가 다하고   증생 다하고
증생업이 다하고   번뇌 다함이
넓고 크고 가없어   한량없으니
저희들의 회향도   이러지이다.
나모대행보현보살 [삼편]

회향의

[수경게]

말씀 듣자 마음 열려
붓다인 줄 알았으니
일생토록 의심 않고
시시때때 활용하리.

[회향게]

뛰어나고 가없는
송경 공덕 회향하니
고통 속의 중생들은
극락세계 어서 가소.

[축원]

"나모붓다야" 십념 후 "붓다님께 아뢰옵니다. 가족은 건강하고, 학문/사업/직무는 이뤄지며/성취하며, 친지들은 행복하고, 이웃들은 안락하며 구경에는 해탈하여지이다. 감" 하는 식으로 축원하고 마친다. [入定]

○정근축원법식

  사단법인 세화불학원에서 권장하는 정근 후 축원 법식은 대략 다음과 같다.

"나모붓다야"
십념을 하고 축원하거나 그 전에
"옴, 공경하는 마음으로 고통받는 중생이 지혜로 안락하고 정토에 들게 하는 우리들의 스승이신 붓다님께 귀명합니다."
하고
"나모붓다야/석가모니불/관세음보살/지장보살/약사여래/아미타불"
등 자신이 수행하는 불호를 ([사]세화불학원에서는 "나모붓다야"를 칭명) 십념 이상 염불한 다음,
"붓다님께 아뢰옵니다. 가족은 건강하고, 학문/사업/직무는 이뤄지며/성취하며, 친지들은 행복하고, 이웃들은 안락하며 구경에는 해탈하여지이다. 감"
하는 식으로 축원하고 마친다.

시 식 의

『禪門日誦』(上海佛學書局, 81~88)

일심경례 시방상주 일체 상주삼보 [절]
지심귀명례 시아본사 석가모니불 [절]

삼세 모든 붓다의 가르침을 깨치려면
일체는 마음이 지었다고 살필지니라.
파지옥진언 옴 가라데야 스바하

보소청진언
　나모 보보데리 가리다리 다타아다야

해원결진언 옴 삼다라 가다 스바하

　나모대방광불화엄경
　나모상주시방불
　나모상주시방법

나모상주시방승
나모본사석가모니불
나모관세음보살
나모명양구고지장왕보살
나모기교아난존자 [각 3편]

귀의불 귀의불양족존 귀의불경
귀의법 귀의법이욕존 귀의법경
귀의승 귀의승중중존 귀의승경 [각 3편]

예로부터 내가 지은 모든 악업은
시작 없는 그때부터 탐진치로 인해
몸과 입과 뜻에서 지어진 것이니,
일체를 내가 지금 참회합니다.

중생을 다 건지오리다.
번뇌를 다 끊으오리다.
법문을 다 배우오리다.

불도를 다 이루오리다.

자성 중생 건지오리다.
자성 번뇌 끊으오리다.
자성 법문 배우오리다.
자성 불도 이루오리다.

지장보살멸결정업다라니
  옴 바라마니다니 스바하
관음보살멸업장진언
  옴 아로륵계 스바하
개인후진언
  옴 보보디리 가다리 다타아다야
삼매야계진언 「옴 삼매야 살다 밤」

변식진언 [아래 4주 칠편]
  나모 살바 다타아다 바로기데
  「옴 삼바라 삼바라 훔」

감로수진언
 나모 소로바야 다타아다야 다냐타
「옴 소로소로 바라소로 바라소로
 스바하」
일자수륜주「옴 밤 밤 밤 밤」
유해진언 나모 사만다 못다남「옴 밤」

「나모다보여래   나모보승여래
나모묘색신여래   나모광박신여래
나모이포외여래   나모감로왕여래
나모아미타여래」[삼편]

신비한 진언으로
가지한 청정한 법식을
널리 항하사 수 귀신들에게
  베푸오니
모두 배 불리 드시고 간탐심 버리고
속히 유명계 떠나 정토에 나소서.

삼보에 귀의하고 보리심 내어
구경에는 무상도를 이루소서.
공덕이 한량없으니,
미래세가 다하도록
일체중생과 함께 법식을 받으소서.

그대 귀신들이여,
내 이제 그대들께 공양 베푸니
이 음식이 시방에 두루 퍼져서
일체 귀신이여, 공양하소서.

이 공덕 일체에 미쳐
우리 함께 다 같이
불도를 이루오리다.

시무차식진언 옴 목역능 스바하
보공양진언
　옴 아아나 삼바바 바아라 훅

[반야심경]

관자재보살이 깊은 반야바라밀다를 행할 때, 오온이 공한 것을 비춰 보고 중생의 온갖 고통과 액난을 건졌다.

사리자여! 색이 공과 다르지 않고 공이 색과 다르지 않으며, 색이 곧 공이요 공이 곧 색이니, 수 상 행 식도 그러하다. 사리자여! 모든 법은 공하여, 나지도 멸하지도 않으며, 더럽지도 깨끗하지도 않으며, 늘지도 줄지도 않는다.

공에는 색이 없고 수·상·행·식도 없으며, 안·이·비·설·신·의도 없고, 색·성·향·미·촉·법도 없으며, 눈의 경계도 의식의 경계까지도 없고, 무명도 무명이 다함까지도 없으며, 늙고 죽음도 늙고 죽음이 다함까지도 없고, 고 집 멸 도도 없으며, 지혜도 얻음도 없다. 얻을 것이 없는 까닭에 보살은 반야바라밀다를 의지하므로 마음에 걸림이 없고 걸림이 없으므로 두려움이 없어서, 뒤바뀐 헛된 생각을 멀리 떠나 완전한 열반에 들어가며, 삼세의 모든 붓다도 반야바라밀다를 의지하므로 최상의 깨달음을 얻는다.

반야바라밀다는 가장 신비하고 밝은 주문이며 위 없는 주문이며 무엇과도 견줄 수 없는 주문이니, 온갖 괴로움을 없애고 진실하여 허망하지 않음을 알라. 이제 반야주를 설하리라. "가데 가데 파라가데 보디 스와하"

왕생정토신주

나모 아미다바야 다타가다야 다지야타 아미리도바비 아미리다 싯담바비 아미리다 비가란제 아미리다 비가란다 가미니 가가나 깃다가리 스바하 [삼편]

사생은 보배 땅에 오르고,
삼유는 연을 심은 못에 의탁하여 화생하며,
항하사 수의 아귀들이
삼현을 증득하고
온갖 종류의 유정들이
십지에 오릅니다.

[찬미타불게]
아미타불 거룩하신
자금색의 찬란한 몸
단정하고 엄숙하여
비교될 이 따로 없고

눈썹 사이 밝은 흰털
수미산을 구르는 듯
검푸른 눈 맑은 동자
사대해의 상징인가
광명 속에 나타내서
무수의 억만 붓다
화현하신 보살대중
그 수 또한 끝이 없네.
사십팔원 큰 원으로
모든 중생 제도하사
구품대로 생명들을
피안으로 들게 했네.

나모 서방극락세계
대자대비 아미타불 [십념]

회향의

[수경게]

말씀 듣자 마음 열려
붓다인 줄 알았으니
일생토록 의심 않고
시시때때 활용하리.

[회향게]

뛰어나고 가없는
송경 공덕 회향하니
고통 속의 중생들은
극락세계 어서 가소.

[축원]

"나모붓다야" 십념 후 "붓다님께 아뢰옵니다. 가족은 건강하고, 학문/사업/직무는 이뤄지며/성취하며, 친지들은 행복하고, 이웃들은 안락하며 구경에는 해탈하여지이다. 감" 하는 식으로 축원하고 마친다. [入定] (135쪽)

삼매 닦기

좌 선 문 [좌선의]

참선 수행에 대해서 원효대사께서는 『기신론』을 빌어 "주어정처住於靜處 단좌정의端坐正意"라 말씀하시고, 천태 지의 대사는 『천태소지관』「조화 제4」에서 "음식을 조절하고, 수면을 조절하며, 몸을 조절하고, 기식氣息을 정돈하며, 마음을 조절하는 다섯 가지 법"을 설하고 있다. 간단히 요약하면 조용하고 정갈한 장소에서 조신調身하고, 조식調息하며 조심調心하는 것이다.

참선하고자 할 때는 한적하고 조용한 곳을 찾아 자세를 바르게 하여 단정하게 앉아 뜻을 바르게 하여야 한다. 장소가 참선하는 데 적합한 곳이어야 한다. 주변의 잡음이 차단되는 곳이어야 하며 인공적인 소음이 적은 자연 속의 고요하고 깨끗한 장소이면 더욱 좋다고 할 수 있다.

먼저 자세는 바르게 앉는다. 결가부좌나 반가부좌를 하고 허리의 척추뼈를 반듯이 세우고 오른손을 왼발 위에 놓고 왼손바닥을 오른쪽 손바닥 위에 올려놓으며 양손의 엄지손가락의 끝을 서로 맞대어 받쳐준다. 그리고 몸을 천천히 일으켜 앞으로 펴고, 좌우로 몇 번 흔들어 잘 정돈한 뒤에 몸을 바르게 하여 단정히 앉는다. 허리와 등뼈, 머리와 목의 골절이 서로서로 떠받치어 그 모양이 마치 탑을 세워 놓은 것처럼 반듯하게 한다. 귀와 어깨가 서로 나란히 되도록 하며, 코와 배꼽이 서로 수직이 되게 하고, 혀는 입천장을 가볍게 떠받치게 하며, 위아래의 입술과 이는 서로 맞대어 가볍게 다물도록 한다. 눈은 반쯤 뜨게 하여 졸음에 떨어지지 않게 한다.

둘째는 호흡을 가지런하게 하는 것이다. 몸을 단정히 하여 호흡이 거칠지 않고 부드럽게 하여 자연스럽게 이어져야 한다. 복식(단전)호흡을 통해 호흡이 길어지고 고르게 되도록 하고 수식관을 통해 집중력을 기르게 되면 호흡은 저절로 가지런하게 되어 미세하고 섬세하며 부드러워진다.

셋째는 마음을 바르게 하는 것인데, 계戒를 청정하게 지켜서 마음을 맑게 하고 뜻을 바르게 하는 것이다. 바른 원願을 세우고 삿된 명예나 이익만을 따라가는 마음을 떠나야 한다. 고요한 마음이 진여의 이치에 맞아떨어져서 자신은 물론 남도 제도하는 최고의 도에 이르고자 하는 결심을 바로 세우는 것이다.

위와 같이 정갈하고 조용한 장소에서 몸을 다스리고, 호흡을 가지런하게 하며, 마음을 바르게 하여 참선 수행에 돌입하게 된다. 좌선의 시작이다.

삼매: 心一境性의 設立

 불교 수행의 목적지는 해탈과 열반입니다. 해탈은 괴로움으로부터의 벗어남이요, 열반은 삼독의 불꽃을 꺼뜨려 행복한 삶을 얻는 것입니다.
 괴로움과 삼독(탐진치)의 원인이 내 안에서 일어나는 생각이 원인임을 일단 이해하고 생각이 실체가 없음을 알게 되면 곧 깨달음에 이를 수 있다는 믿음을 가져야 합니다. 생각을 알아채어, 대상 경계를 어떻게 조절해보려는 행위를 멈추고 진여 본체로 돌이키는 것이 심일경성을 닦는 것입니다.
 우리의 마음에서 일어나는 생각은 폭류처럼 거칠고 엄청나고 걷잡을 수 없이 펼쳐집니다. 이 폭류 속에서 우리가 정신을 차리고 자기 자리를 잡아 본래 자기 모습을 보는 것입니다. 이 생각의 폭류를 우선 멈추는 것이 집중입니다. 휘몰아치는 생각의 소용돌이를 한곳으로 모으고 모아 한 점에 모이게 하고 흐트러짐 없이 유지되게 합니다. 이 집중이 지속되면 '텅 비어 모양은 없지만 분명하게 인식되는' 보는 자가 인식이 됩니다. 생각이 생각으로 보이고, 대상 경계를 대상으로 온전히 인식하는 인식체가 분명해집니다. 이것이 심일경성의 설립입니다.
 심일경성이 설립되면 생각이 침범하지 않은 상태(있

는 그대로의 상태)로 현장을 볼 수 있습니다. 내 삶 속에서도 내 앞에 펼쳐진 현장을 그대로 드러나게 하는 것입니다. 참선할 때의 분명했던 눈앞의 한 점이 삶 속에서는 눈앞의 현장입니다.

우리는 삶 속에서 괴롭거나 화가 나서 견디기 어려우면 현장을 벗어나려고 발버둥 칩니다. 현장을 외면하기, 대체하기, 싸우기, 도망가기 등의 기술로 싫어하는 현장을 자기만의 방식으로 대처합니다. 하지만 잠시일 뿐 그 현장은 어느 순간 다시 닥쳐옵니다. 그러니 도망가는 것이 능사가 아닙니다. 이때 공부가 본격적으로 시작됩니다. 한 점으로 모아 집중했던 수행을 삶의 현장에서 그대로 적용하여 현장을 있는 그대로 비추어 냅니다. 순간순간 일어나는 다른 생각에 휘둘리지 않고 생각이 일어나더라도 알아채어 현장에 집중합니다. 이 것이 심일경성을 닦는 것입니다.

한 점에 집중된 마음이 그대로 유지가 되면 마음은 평온해지고, 생각은 잦아들고 아는 자[마음]가 명확해집니다. 한 점이 흐트러진다면 그 어떤 훌륭한 생각이나 경계도 소용이 없습니다.

이 상태에서 생각이 치밀어 오르거나 화가 나거나 하면 그대로 드러내고 알아차리면 됩니다. 번뇌와 망상은 실체가 아니기에 그대로 인식만 해도 스스로 사라집니다.

물론 큰 각오를 해야 한다. 자기가 지은 업은 자기가 받겠다. 죽음이라고 달게 받겠다고 결심해야 한다. 참선 수행을 하면 지은 업도 사라진다는 망상은 버리고 큰 용맹심을 지녀야 한다] 참선 수행은 성실함과 진실함만이 우리를 목적지에 데려다주게 됩니다.

이렇게 심일경성이 명확히 설립된 상태에서 참선, 염불, 수력, 설 수행을 하게 되면 수행이 너욱 깊어시고 궁극에 도달할 수 있습니다.

다시 설명해 본다면 심일경성은 마음을 하나의 경계에 집중하여 흔들림이 없이 유지하는 것입니다. 자세히 다시 풀어 설명해 봅니다.

마음을 한 곳에 집중해 보면,

① 한 점에 모은 집중이 흐트러져도 생각에 휩싸임을 알아 본인이 평소에 얼마나 생각에 많이 빠져 있음을 알게 되고
② 집중이 잘 유지되면 언뜻언뜻 생각이 일어남을 자각하여 생각의 모양새가 이렇구나, 하고 알아 생각을 생각으로 알게 되고
③ 집중이 흐트러지면 생각이 침범했음을 알게 되고
④ 생각이 분명히 보인다는 것은, 보는[觀] 입장에서 심일경성이 잘 유지되는 것이며
⑤ 심일경성이 명확히 설립되면 생각을 보게 되고, 생각이 힘을 잃고 생각이 점차 소멸하게 되고 생각이 일어나는 횟수도 감소한다.
⑥ 설립된 심일경성을 지속되게 하는 것이 참선이고 명상이며, 심일경성이 지속되면 본성에 점점 가까이 도달하며 부드럽고 유연하며 기쁨에 차고

지혜로우며 장애가 와도 피하지 않고 그대로 받아들여 현명하게 수습해 나간다.
⑦ 심일경성이 설립된다는 것은 집중된 마음이 고요하며 형상이 없고 밝고 분명하며 텅 비어있음을 분명히 인식하는 것이다.
⑧ 확연히 분명해지는 심일경성 하에서 번뇌와 생각은 여실히 드러나 자각되고 자각된 번뇌는 마주하는 진여 앞에서 실체 없이 사라져간다.
⑨ 번뇌와 생각은 괴로움의 뿌리이며 더 이상 나를 괴롭히지 못한다. 괴로움이 생겨나는 초기의 생각이 등장하려고 할 때 이미 진여(심일경성)가 설립되어 생각의 줄기가 차단되고 뿌리가 뽑힌다.
⑩ 더 이상의 번뇌가 없는 나는 열반이고 생각의 묶임에서 풀려난 나는 본래 자유로운 해탈이다.
⑪ 참선 수행을 통해 해탈과 열반에 도달할 수 있다
⑫ 심일경성이 설립된 상태에서 참선과 염불, 주력, 절 수행을 하게 되면 심일경성이 더욱 확고해져서 번뇌와 생각의 폭류(暴流)에서 벗어나 일심에 머물러 생멸의 세계에 의연하게 대처해 나갈 수 있다.
⑬ 심일경성을 이루면 반드시 불법의 궁극에 도달할 수 있다.
⑭ 시작은 오정심관(五停心觀: 不淨觀, 慈悲觀, 因緣觀, 界分別觀, 數息觀)으로 할 수 있다.
⑮ 이보시오! 지금 들리오? 아는 그 마음을 잘 지켜

나가는 것이다. 이러쿵 저러쿵에 빠지지 않는 것이다.

심일경성이 명확히 설립되어 수행이 깊어지면 몸과 마음이 부드러워지고 따듯해집니다. 자비의 눈빛과 배려의 손길이 넘실거립니다. 지혜를 겸비하게 되어 작은 일은 작은 대로 큰일은 큰일대로 슬기롭게 해결해 나가게 됩니다.

현장을 떠난 행복은 없습니다. 심일경성이 설립되면 현장, 바로 지금 그 자리에서 행복하게 됩니다. 상락아정(常樂我淨)의 행복이 갖춰지게 됩니다.

심일경성(心一境性): 선정을 얻었다고 하는 것은 심일경성(心一境性, ekaggatā)을 확고하게 갖춘 것이다. 심일경성이란 마음이 한끝에 집중된 것이다. 팔리어 에깍가따(ekaggatā)는 '일경성(一境性), 집중(concentration), 마음의 평온, 명상(contemplation)'이라는 뜻을 가진다. 후대 논서에 따르면 에깍가따는 52가지 마음의 작용(心所, cetasika) 중 하나로 다른 것과 같아지는 심소(心所)다. 그래서 '에깍가따'는 선한 마음의 집중일 때와 불선한 마음의 집중일 때가 있는데, 수행에서 에깍가따는 해탈 열반에 도움이 되는 선한 마음의 집중(善心一境性)을 의미한다.

跋文

일과는 완성의 길

 붓다의 마지막 당부는 게으르지 말고 정진하라는 것이었다. 어떻게 정진하는가 하는 것을 조금도 알지 못하는 바웃다는 없을 것이다.
 게으르지 말고 정진하라는 불조(佛祖)의 말씀은 귀에 딱지가 앉을 정도로 듣는다. 그렇지만 그것을 실천하기는 그렇게 호락호락하지 않다. "좋은 일은 열심히 하고, 나쁜 일은 하지 말라[衆善奉行 諸惡莫作]"는 것은 세 살 먹은 아이도 알 수 있으나 여든 먹은 노인도 실천하기 어렵기 때문일 것이다.
 『바웃다 일과』는 생활 속에서 불교를 하자는 사단법인 세화불학원의 바웃다(불자)들이 일일 과송 의범으로 편찬하였다. 우리의 이상이자 정토인 세계일화(世界一花)를 위해 보편적 일과로 최소한의 염송과 칭명 및 '삼매 닦기'의 정진 일과를 제시하는 것이 본 의범(儀範)의 목표라고 할 수 있다.
 함께하는 석학들의 제언이 모이고, 염송의 편의와 불교의 기본적 전통과 교학의 터전에서 벗어나지 않으면서도 현대인들의 정서에 부합할 수 있도록 노력하였다. 참여하는 바웃다들이 이 작은 의범을 의지해서 수행하여 목표를 이룰 수 있기를 불전에 축원한다.

乙巳 玄月

참고자료

거해 편역(1994), 『근본불교 예불문』, 삼영불교출판사.
박영만(2018), 「한국수륙의문의 성립 및 변용 연구」, 동방문화대학원대 박사학위논문.
법정 옮김, 『원각경 보안보살장』, 팔달산 보문사.
법회연구원 편(2005), 『부모은중경 외』 3판, 정우서적.
법회연구원 편(2005), 『염불왕생문』 3판, 정우서적.
이성운(2011), 『천수경, 의궤로 읽다』, 정우서적.
이성운(2014), 『한국불교 의례체계 연구』, 운주사.
이성운(2018), 『불교의례, 그 몸짓의 철학』, 조계종출판사.
이원섭 역(1988), 『법화경』, 삼중당.
일휴·우진(2008), 『역주 치문경훈』, 정우서적.
전재성 역주(2011), 『숫타니파타 개정본』, 한국빠알리성전협회.
전재성 역주(2024), 『슈랑가마다라니와 수능엄경』, 한국빠알리성전협회.
정우 편(2004), 『지장보살본원경』 3판, 정우서적.
정우 편(2003), 『팔양경·무상계』 초판, 정우서적.
한국테라와다불교(2012), 『테라와다불교의범』, (사)한국테라와다불교.
Chaṭṭha Saṅgāyana Tipitaka 4.0, digital edition.

[사]세화불학원의궤편찬회

의장 牛一 박영만

위원 牛祥, 牛辿, 牛南, 牛廛, 牛神, 牛禪, 牛宙, 牛晉, 牛仁, 牛行, 牛晩, 牛果, 牛城, 牛是, 牛顯, 牛觀, 牛和, 牛書, 牛利, 牛香.

바웃다 일과

2025년 11월 01일 초판

편역: [사]세화불학원의궤편찬회

펴낸 곳: 정우북스
펴낸 이: 이미연
서울. 종로구 삼봉로 81. 1231호
신고 1992.5.16. 제1992-000048호
전화 02) 720-5538

값: 10,000원

ISBN: 979-11-992222-1-2   93220